나를 나로
를 만드는 건
무엇일까

외르크 베르나르디 Jörg Bernardy 지음 | 전진만 옮김

남자
여자 사람

나를 만드는 건
무엇일까

심플

머리말

사람은 생각하는 것 이상의 존재다!

　　여자와 남자, 나이 든 사람과 젊은 사람, 뚱뚱한 사람과 마른 사람, 자의식이 강한 사람과 소심한 사람. 이처럼 우리는 매일 무의식적으로 다양한 특징에 따라 사람들을 분류한다. 물론 우리 자신도 여러 무리 가운데 특정한 곳에 넣기도 한다. 그런데 무의식적이든 의도적이든 간에 사람들을 분류하기 위해 설정된 카테고리가 정말 우리에게 중요한 것일까? 만약 이 카테고리 가운데 하나인 성별이 뒤바뀐다면, 즉 남성이 여성으로, 여성이 남성으로 바뀐다면 뭔가 크게 달라질까? 이전과는 비교도 되지 않을 정도로 완전히 다르게 느끼고 행동하게 될까?

　　눈치챘겠지만, 이 책은 정체성을 다룬다. 그렇지만 어떻게 하면 더 아름다워지거나 더 똑똑해지거나 큰 성공을 거둘 수 있는지 등의 조언을 담지는 않았다. 이 책은 자신을 더 잘 이해할 수 있는 방법을 알려준다. 하지만 학문적으로 접근해서는 정체성을 이해하기 어려우므로, 그렇게 보지는 않았다. 예를 들어 정체성 형성에 중요한 인격이나 자아 같은 것들이 뇌나 몸 어딘가에 존재한다고 증명할 수 없기 때문이다. 무엇보다 인간의 정체성은 정확하게 이해할 수 없거나 언어로 표현하기에 부적합한 감정도 포함한다.

우리가 정체성 또는 개성이라고 부르는 것은 사회화의 결과이기도 하다. 완성된 자아를 갖고 태어나는 사람은 아무도 없기 때문이다. 어릴 때부터 직업을 선택할 나이에 이를 때까지 타인과 사회가 나의 생각과 감정뿐만 아니라 내가 결정하는 방식에까지 적지 않은 영향을 끼친다. 예를 들어 성 정체성은 유년기에 발달하는데, 특정 나이가 되면 아이들은 자신이 어느 성별에 속하는지를 감지한다. 그렇다면 아이들은 자신이 남성인지 여성인지를 어떻게 알게 되는 걸까?

우리 몸은 타고난 것처럼 보인다. 맞는 말이다. 이와 달리 몸을 인지하는 방식과 몸을 표현하는 방식은 사회가 만들어 낸다. 마찬가지로 개인의 식성도 다른 사람의 것과 전혀 무관하지 않다. 심지어 직업을 고르고 파트너를 선택할 때도 우리는 사회의 관념과 이상으로부터 영향을 받는다. 내가 만일 다른 조건 아래 다른 사회에서 산다면, 나는 현재의 나와 완전히 다른 사람이 되는 걸까? 내가 미래에 되고 싶은 사람이 과연 현재의 나와 완전히 같은 사람일까?

우리가 거의 의식하지 못할지라도 성별은 타인을 인식하는 방식과 우리의 행동 방식에 상당한 영향을 끼친다. 이 영향력에 대해 알고 대처하기 위해서는 카테고리가 필요하다. 그런데 종종 이런 카테고리 자체가 실재를 바라보는 우리의 시각을 바꾸기도 한다. 모든 사람이 이 변화를 겪는다. 현재 지구상에 살고 있는 사람이라면 누구나 사회적 조건, 예를 들어 신체, 성별, 성격, 주변 환경 같은 여러 조건 아래에 있다. 개인의 고유한 정체성은 생물학적으로 정해질 뿐만 아니라 그 사회의 규칙과 원칙으로도 결정된다.

자신의 정체성을 잘 알고 있고 자신을 겉으로 표현할 줄 아는 사람은 다른 사람들에게 용기를 준다. 그들도 자신이 누구인지를 또 다른 사람들에게 보여 주게 될 것이다. 이런 맥락에서 보면 정체성은 개인

내가 되고 싶은 사람이 현재의 나와 같은 사람일까?

만의 문제가 아니다. 사회에서 '정상'이라고 여겨지는 것에 의해 위축되지 않는 사람이야말로 정상이라는 사회의 통념을 조금이나마 변화시킬 수 있기 때문이다.

차례

정체성

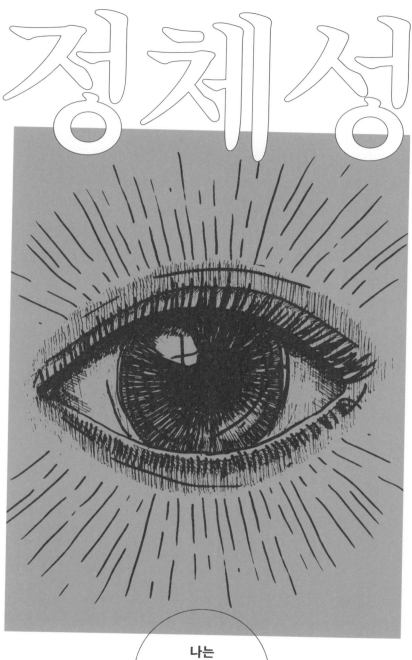

나는
어떤 사람이
될 수 있을까?

거울 속 내 얼굴을 곰곰이 보면 내가 낯설어 보인다

거울을 볼 때 흔히들 자신의 얼굴을 쳐다본다. 거울로 본 내 얼굴은 남자 얼굴에, 양 볼 전체에 거친 수염이 나 있다. 독일 문화권에서 이 정도 기른 수염은 전형적인 남성성을 상징한다. 거울을 자세히 들여다보면 까만 눈썹 아래에 녹갈색 눈동자가 보인다. 한가운데에는 작지도 크지도 않은 보통 크기의 코가 있고, 그 아래에는 입술을 다문 입이 자리잡고 있다. 좀 더 유심히 보면 눈가에는 잔주름이 보인다. 거울에 비친 내 얼굴을 자세히 뜯어보면 마치 무엇인가를 처음 발견한 것처럼 깜짝 놀라기까지 한다. 벌써 얼굴 한 부위가 처지기 시작했다.

방금까지 친숙했던 내 얼굴이 갑자기 낯설게 보인다. 남자의 얼굴이 아니다. 여성의 얼굴에서나 볼 법한 여러 특징이 눈에 보인다. 입술은 어떻게 보면 여성의 것과 비슷하고, 두 눈동자는 남성의 것인지 여성의 것인지 구분하기 어렵다. 이제는 어디까지가 얼굴인지 가늠할 수가 없다. 더는 알아볼 수 없을 때까지 오랫동안 내 얼굴을 바라보았다. 아무리 거울을 들여다보아도 거울에 비친 얼굴은 내가 누구인지를 알려 주기에는 턱없이 부족하다.

내가 누구인지 당연히 알고 있다고?

식당이나 카페에서 화장실을 가고 싶을 때 우리는 주위를 두리번거린다. 그 이유는 무엇일까? 남녀 화장실을 가리키는 기호나 그림을 찾으려고 하기 때문이다. 만약 화장실 표지판에 WC라고만 쓰여 있다면, 우리는 화장실 문을 열기 전에 문 앞에서 남녀 화장실을 구분하는 기호가 정말로 없는지 다시 한 번 확인할 것이다. 독일의 고속 열차에는 남녀 공용 화장실만 설치되어 있다. 그래서 화장실을 이용할 때는 비장애인용인지 장애인용인지만 확인하면 된다. 이처럼 몇몇 것들은 우리가 당연하다고 여기기 때문에 더는 토를 달지 않는다. 우리의 자아뿐만 아니라 우리의 성 정체성도 마찬가지다.

모든 인간은 자신이 누구이고 어떤 사람인지를 대충 짐작하고 있다. 그런데 자신에게 이런 '자아'가 존재한다는 것을 어떻게 알고 있는 걸까? 직감으로? 그렇다고 해도 이를 설명하는 일도 결코 쉽지 않을 것이다. 말하자면 우리 모두에게 자아가 있다는 것을 충분히 짐작할 수는 있으나, 이를 설명하기에는 표현력이 상당히 부족하다. 그리고 우리가 자신의 자아를 정상이라고 간주하는 것처럼 성별 역시 당연하다고 말한다. 성별은 출생 신고서와 각종 신분증에 나와 있으며, 우선 신체적 특징만 봐도 바로 알 수 있기 때문이다. 하지만 성별에 대해 진지하게 고민해 보면, 성별이 정말로 자신의 감각과 연관되어 있는지 의문이 든다. 만약 자신이 남자라고, 또는 여자라고 말할 경우, 이 말이 도대체 무슨 의미인지를 정확하게 설명할 수 있을까? 성별을 알려 주는 특정한 감각이라도 존재하는 걸까? 달리 질문해 보자. 내가 나를 남자로 또는 여자로 느끼는 것이 내 자아에 그렇게 중요한 문제일까? 타고난 성을 알고 있을지라도, 성별은 그리 단순한 문제가 아니다. 성별은 자아에 매우 중요하고, 생물학적으로만 구분될 수도 없다. 단지 남성의 성기를 갖고 태어났다고 해서 남성이라고 단언할 수는 없기 때문이다.

모든 인간은 두 개의 성을 갖고 있다.

13

그래서 종종 자신의 성별을 설명하는 일이 어렵다. 모든 사람이 하나의 성만 가지고 있는 것은 아니기 때문이다. 더 정확히 말하자면 모든 사람은 두 개의 성, 다시 말해 생물학적인 성과 사회적인 성, 즉 사회가 부여한 성을 갖고 있기 때문이다. 영어에서는 이 두 가지 개념을 구별해서 쓴다. 성Sex은 생물학적인 특성을 나타내는 것으로 생식 기관을 통해 확인된다. 이에 반해 젠더Gender는 사회적인 성을 가리키며, 문화적이고 심리적인 특징이 있다. 사회적 성에는 인간의 지각, 감정과 행동이 포함되어 있다. 예를 들어 도로 한쪽에서 스쿠터를 주차하는 한 청년이 있다고 가정해 보자. 그 청년은 헬멧을 벗고는 멋들어지게 빗질하고 머리카락을 고정시키기 위해 헤어스프레이를 뿌리고 있다. 그는 머리를 다 다듬고 난 후에는 곧 뭔가를 할 것 같다. 자신을 위해 꽃을 사거나, 앞치마를 두르고 요리를 하거나, 아무튼 상당히 잘 어울릴 것 같다! 또는 새끼손가락에 반지를 끼는 등 장신구로 몸을 치장할 것 같다. 이뿐만 아니라 몸매 관리를 하거나 샤워를 하거나 좋아하는 영화를 볼 수도 있다. 이 청년의 행동을 여성적이라고 말할 수 있을까? 청년의 행위가 여성에게서 흔히 볼 수 있는 특징을 포함하고 있다는 이유로 그의 사회적 성이 여성이라고, 그의 행동이 여성적이라고 판단하는 것은 아닐까?

사회적 성을 규정하는 일 또한 그리 간단하지 않다. 사회적 성은 기정사실이 아니라 과정이기 때문이다. 사회적 성은 한 인간을 하나의 성에 귀속시키는 모든 특성의 총합이다. 물론 우리가 이를 사회에 위임하고 허용했다. 이 사회적 성에는 각 개인이 말하고 행동하는 모든 것

사회적 성은 외부 영향을 받아 발달한다.

이 포함되어 있다. 그래서 개인이 남자인지 여자인지가 사회적으로 증명된다. 말하자면 한 인간이 어떤 스타일로 옷을 입고, 어떻게 말하고, 어떤 방식으로 다른 사람들 앞에서 행동하는지, 자신을 어떻게 표현하는지가 사회적 성 안에 다 들어 있다는 것이다. 이러한 특성과 행동 양식은 새롭게 발견하는 것이 아니라, 사회가 각 성별에 기대하는 것에 따라 결정된다. 이렇게 인간은 사회적 역할을 떠맡는다.

만약 누군가가 어떤 특징에 따라 자신을 비롯해 다른 사람도 판단한다면, 의식적으로나 무의식적으로나 사회적 통념을 따를 수밖에 없다. 곰팡이가 핀 요구르트, 다 먹은 칩스 봉지들이 너저분하게 흩어져 있는 지저분한 방을 상상해 보자. 이 방 주인이 사내아이라는 것을 알고 있다면, 우리는 이렇게 말할 것이다. '누가 사내놈 방이 아니랄까 봐, 완전 카오스야!' 이와 달리 이 방의 주인이 여자아이라면 우리는 이렇게 질문할 것이다. '애한테 도대체 무슨 일이 있었던 거지?' 서로 다른 두 가지 반응을 보면 남녀의 성에 특정한 속성이 부여되어 있다는 걸 알 수 있다. 여자아이가 사내아이보다 정리 정돈을 더 잘한다는 걸 우리는 어떻게 아는 걸까? 정말로 하나의 성이 다른 성보다 정리 정돈을 더 잘하는 걸까? 아니면 우리가 특정 개인에게 해당되지 않는 사회적 통념에서 출발하기 때문일까?

생물학적 성은 대체로 타고난 것인 반면에, 사회적 성은 사회에서, 개인의 환경과 교육의 영향 아래에서 발달한다. 인간은 살면서 사회적 성을 습득해 가기 때문에, 사회적 성은 그대로 머물지 않고 일평생 변화를 거듭한다. 그러면서 사회적 성은 신체와 연결된 관계의

인간은 사회적 성을 습득한다.

15

끈을 결코 놓지 않는다. 즉 생물학적 성과 사회적 성은 마치 동전의 양면과도 같은 관계를 유지한다.

모든 인간은 자신의 성을 직감한다

아이가 자신의 성별을 알기까지 시간이 얼마나 걸릴까? 성별을 구분하기 전에 우선 자기 자신을 인지하고 자각하는 능력을 갖추어야 한다. 즉 성별 구분 이전에 먼저 자아의식이 발달한다. 출생 이후 14개월까지의 아이는 거울에 비친 자신을 알아보지 못하지만, 15~24개월 사이의 아이는 거울 속의 자신을 알아본다고 한다. 난생처음 거울에 비친 자신의 모습을 보고 아이는 낯섦 또는 재미를 느낀다. 그래서 많은 아이들이 거울을 보면서 인상을 찌푸린다. 이 시기에 아이는 심리학에서 언급되는 거울 단계, 자아가 발전하는 흥미로운 발달 단계로 접어든다고 한다.

동시에 아이는 자신의 성을 인지하는 자아의 발달 단계로 들어선다. 적어도 만 두 살까지 성 정체성이 발현되기 때문이다. 이에 관해 심리학자들은 자신의 특정한 성을 인지하는 내적 확신을 이야기한다. 이 주관적인 체험은 자신이 어떤 성을 갖게 될지를 결정하는 데 중요한 역할을 한다. 보통은 이러한 직감을 의식적으로 지각하지는 못한다. 그런데 자신의 성을 인지하는 이 직감이 처음으로 생물학적 성으로부터 분리되어 성 정체성의 혼란을 야기할 때가 있다. 대부분은 생물학적인 성, 사회적인 성 그리고 자신이 느끼는 직관적인 성, 이 세 종류의 성이 대체로 일치하지

생후 2년 안에 아이들은 자신의 성을 인식한다.

만, 반드시 그런 것은 아니다. 생물학적 성과 성을 인지하는 직감이 서로 분리되는 사람들이 분명 존재한다. 비록 이들이 생물학적으로 명백하게 남자 또는 여자로 보일지라도, 그들은 자신이 또 다른 성을 갖고 있음을 직감한다.

특정한 시점에서부터 우리는 자신의 성별을 남성, 여성으로 인지하기 시작한다. 나이가 어려 성별을 말로 표현하지 못해도 분명 남성 또는 여성으로 직감한다. 자아의식과 성별을 인지하는 직감 모두 유아기 초반에 형성된다. 이때 정체성 감각이 발달하듯이 성별을 감지하는 직관도 동시에 발달한다.

자신이 경험한 성이 생물학적 성과 다를 수 있다.

성은 외부로부터 얼마나 영향을 받을까?

사실 아이의 성 정체성은 자아 정체성이 발달하기 이전부터 이미 현실에서 영향을 받고 있다. 설령 이를 기억하는 사람이 아무도 없을지라도, 초기 영향력을 충분히 증명할 수 있다. 예를 들어 부모와 갓난아이의 관계를 다룬 연구는 수없이 많다. 아기는 성 개념을 모르더라도, 갓난아이의 부모와 주변의 어른들은 당연히 아기의 생물학적 성을 알고 있고 아기를 남자아이 또는 여자아이로 대한다. 그러면 아이는 자신의 이름을 듣기 시작하면서 특정 소리와 단어에 반응을 보인다. 어른들이 아기에게 '왕자님,' '공주님'이라고 부르면, 아기는 그 소리에 맞춰 자신의 정체성을 만들어 가는 것이다. 부모와 주변 사람들은 아이의 생물학적 성에 맞춰 그에 걸맞은 사회적 성을 부여하는 셈이다. 또한 인간이 어떤 속성을 갖게 되고 어떤 행동을 할지는 신체와 유전자, 호르몬에 의해 결정된다.

하지만 이것이 우리의 사회적 행동과 역할이 생물학적으로, 유전학적으로 결정된다는 뜻은 아니다. 생물학적 성, 사회적 성과 더불어 자신이 느끼는 또 다른 성이 존재한다. 자신이 직감하는 성과 생물학적 성이 반드시 일치하는 것은 아니어서 자신 안에 또 다른 성이 있다고 느끼는 사람들에게서 이러한 불일치가 나타난다. 이들은 자신의 성을 타고난 생물학적 성과 동일시하지 못한다. 이런 사람들을 가리켜 '성 소수자'라고 한다. 이외에도 성 소수자를 지칭하는 수많은 용어가 있다. 20세기에는 법적으로 정당한 명칭인 성전환이 화두였지만, 현재는 모든 성 소수자를 포함하기 위해 트랜스젠더, 정체성 전환 또는 줄여서 트랜스라는 용어가 더 많이 회자되고 있다. 여기에는 단 두 개의 성으로 규정되지 않는 사람들, 즉 자신을 여성 또는 남성으로 느끼지 못하는 사람들이 포함된다.

성 소수자는 섹스나 성적인 취향이 아니라 자아 인식과 관련이 있다. 그들은 자신을 대표하는 개념으로서 성전환이라는 용어를 거부한다. 성전환은 생물학적인 성의 측면이 너무 강조된 용어이기 때문이다. 그에 반해 트랜스젠더는 사회적 성을 전면에 내세우는 것으로 받아들여진다. 그래서 이 용어도 마찬가지로 그리 환영받지 못하고 있다. 개인의 성 정체성에는 사회적 성뿐만 아니라 자신의 몸을 남성·여성으로, 또 다른 성으로 직감하는 것도 중요하기 때문이다.

아기도 성별에 따라 다르게 키워진다.

성 소수자에 관한 명칭이 다양하게 존재하는 걸 보면 그 특징도 다양하다는 것을 추측할 수 있다. 성 소수자를 가리키는 명칭의 다양성은 한편으로는 모든 사람의 성 정체성이 다르게 경험된다는 것을 암시한다. 다른 한편으로 이 다양성은 사람들이 생물학적 성이나 사회적 성 가운데 어느 하나, 아니면 두 개의 성 모두를 자신과 동일시하지 못하고 있음을 보여 준다. 자신의 성을 사회적 성과 일치시킬 수 없는 사람은 먼저 자신의 행동을 인위적으로 바꾸려고 한다. 성 소수자 가운데 어떤 이는 수술을 하고 호르몬 주사를 맞고 자신의 생물학적 성을 바꿔, 그것과 자신이 직감하고 원하는 성을 일치시키려고 한다. 이는 개인의 정체성에서 생물학적 성과 원하는 성의 일치가 얼마나 중요한지를 보여 준다. 이처럼 성 소수자가 두 개의 성을 일치시키고자 하는 이유는 자신의 몸에서 뭔가 잘못되었다는 생각에 고통을 느끼고, 자신과 맞지 않는 사회적 성을 강요받는다고 여기기 때문이다. 그들은 내적으로 느끼는 것처럼 외부로부터도 자신의 성을 인정받고 싶어 한다.

성 정체성도 외부로부터 인정받아야 한다.

흔히 자신을 정상적인 신체라고 여기는 사람들조차도 생물학적 성과 사회적 성 간의 불협화음을 겪는다. 그래서 이 세상에 남녀 두 가지 성만이 존재한다고는 말할 수 없다.

나는 누구이고 타인은 나를 어떻게 생각할까

자신이 어떤 사람이고 어떻게 행동하는지는 붙박이장처럼 고정되어 있지 않다. 유아기 이후로 모든 것이 계속해서 발전하기 때문이다. 사람의 내면과 외면이 계속해서 바뀌고 10년 전과 다르게 느끼고 생각할지라도, 직감적으로 자신이 이전과 동일한 사람이라는 것을 잘 알고 있다. 만약 이러한 사실을 전혀 알지 못한다면 정체성을 형성하는 일이 아예 불가능하다. 그런데 우리 의식은 끊임없이 감각, 지식과 교류하고, 자신의 경험과 기억을 시간적으로 배열하고, 이 모든 것을 자아 경험 안에서 통합한다. 이 의식의 통합으로 우리는 과거, 현재 그리고 미래를 구분한다.

심리학자들이 말하길, 우리의 모든 것이 변하고 발전한다고 해도 우리 정체성 안에는 변하지 않는 그 무언가가 존재한다. 있는 그대로의 그 무언가는 개성과 기질의 혼합으로, 설령 인격이 변한다고 할지라도 은연중에 드러날 수밖에 없다. 또한 심리학자들은 모든 인간이 갖고 있는 중요한 본질을 언급한다. 이 본질 안에는 자신의 성을 판단하는 직관도 포함되어 있고 이 본질로부터 자신이 유일무이한 존재임을 아는 것이 중요하다. 어느 누구도 나와 같지 않고, 나처럼 보이는 사람 역시 아무도 없다. 나의 개성과 변덕, 개인사는 나만 갖고 있는 특성이다. 그런데 전 세계 인구의 반은 여성이고 나머지 반은 남성이므로 서로가 비슷하다고 믿는 이유는 도대체 무엇일까? 어째서 성은 성 이외의 나머지 부분보다 더 개별적이지 못할까?

이처럼 개인의 개별성은 사회에 위임되고 부여된 모든 카테고리에도 동일하게 배제된다. 사회적 관점에서 보면 우리의 정체성은 다양한 카테고리에 따라, 예를 들면 성별, 신체, 성적 취향, 건강, 출신

나는 언제나 나다. 그 누구도 나와 같을 수 없다.

배경, 직업, 피부색, 교육 수준 그리고 재력으로 분류될 수 있다. 한 여성이 있다고 하자. 이 사람은 독일에서 태어나서 몇 년 전에 고등학교를 졸업했다. 현재 나이는 23세, 피부가 거무스레한 편이고, 남성을 사랑한다. 물론 이 사항들이 그녀의 인적 사항과 개인사를 어느 정도 말해 줄 수는 있다. 그렇다고 해서 이런 카테고리가 한 인물을 온전히 정의하고 있다고 말할 수 있을까? 직업이 프로그래머이고 북아프리카에서 태어난 어떤 남자의 신상이 그의 진면모를 제대로 보여 주고 있다고 단정할 수 있을까? 이처럼 카테고리로 분류된 사항들은 다시금 우리를 여러 그룹으로 나누는 키워드가 아닐까?

자신이나 타인을 설명할 때, 젊음과 늙음, 비만과 야윔, 건강과 질병, 남성성과 여성성, 성공과 실패, 내향성과 외향성 등의 카테고리가 도움이 되긴 한다. 이런 카테고리를 통해 우리의 정체성이 겉으로 드러나는 다양한 특징으로 세분화되기 때문이다. 의사들도 이와 같은 외부적인 특징을 토대로 우리의 몸 상태를 살펴보고 의학적 진단을 내리고 치료 방안을 제공한다. 이런 맥락에서 보면 카테고리는 우리를 위해 사용되고, 방향과 질서를 창출함으로써 세계를 더 단순하게 만든다.

물론 이 카테고리는 우리의 정체성에 구체적인 특성을 강요하기도 하고 정체성을 이 특성 안에 묶어 두기도 한다. 그래서 이런 외부적인 분류를 때론 자신에게 맞는 것으로 또는 맞지 않는 것으로, 때론 실천의 동력으로 또는 아무런 자극도 없이, 때론 기분 좋게 또는 언짢게 경험할 수 있다. 카테고리를 나누는 기준이 모호하기 때문이다. 야윔과 비만의 기준을 누가 결정할

우리를 바라보는 타인의 시선이 우리의 자아상을 변화시킨다.

까? 무엇이 성공인지를 누가 정의할 수 있을까? 분명한 것은 이런 모호한 카테고리가 우리의 자아 인식과 정체성에 영향을 끼칠 수 있다는 점이다. 자아를 스스로 남성으로, 여성으로 규정하는 것도 중요하지만, 이에 못지않게 타인의 눈에 남성으로, 여성으로 보이는 것도 성 정체성 형성에 매우 중요하다.

내가 남성인지 여성인지 어떻게 판단할까?

자아가 느끼는 감각으로 무엇이 남성적인지, 여성적인지에 대해 좀 더 살펴보고 자세히 따져 보아도 주목할 만한 것은 별로 없을 것이다. 과연 남성적 자아는 여성적 자아와는 다르게 느낄까? 자신을 여성으로 여기는 사람은 여성성을 명확하게 느끼는 직감 같은 걸 갖고 있는 걸까? 모든 남성은 자신의 남성성을 명확하게 의식하고 있는 걸까? 여성성과 남성성에 대한 직감은 언어로 표현될 수 있을까? 그렇더라도 자아가 어떤 방식으로 자신을 인지하는지를 서술하는 일은 그리 쉽지 않다. 무엇이 남성적, 여성적인지 결정하는가를 설명하기도 마찬가지로 어렵다. 그래도 자신의 마음을 가만히 들여다보면 자연스럽게 느끼는 점이 있을 것이다. 사람들은 어째서 그것에 성별을 붙이려고 할까?

우리는 자신을 남성 또는 여성이라고 느낀다. 여기에는 어떤 의미가 있을까? 두 가지 이유 때문에 이 질문에 바로 대답하기가 무척 어렵다. 첫째, 우리는 무엇이 남성적인지, 여성적인지를 무의식적으로 이미 알고 있다. 그것도 일상생활에서 고민하지 않아도 될 만큼 당연하게 여긴다. 지금부터라도 무엇이 남성적, 여성적인지를 진지하게 고민해야 한다.

마치 숨을 쉬고 있다는 사실에 놀라지 않듯이 자연스럽게 살펴봐야 한다. 둘째, 자신이 남성적, 여성적이라는 당연한 판단은 자신의 관점이 아닌 타인의 생각과 말로 결정된다. 즉 무엇이 남성적인지, 여성적인지를 스스로 정의 내리지 않는다. 그래서 일상생활에서 성격과 성별, 성 정체성이 과거와 별반 차이가 없어 보이는 것이다. 성격과 몸이 끊임없이 변하고 있음을 곳곳에서 감지할지라도, 그 변화마저 원래 그랬던 것처럼 당연하게 여긴다. 물론 몸의 노화까지 부정하려는 것은 아니다. 여기서 말하고 싶은 것은 생물학적으로 결정된 것과 사회적으로 발전하는 것은 서로 별개의 것, 완전히 다른 문제임을 강조하려는 것이다. 따라서 자신의 것을 남이 아닌 자신의 관점으로 판단해야 한다.

타인의 성격 성향을 기이하게 생각하는 사람은 누구일까?

타잔과 제인, 로미오와 줄리엣 또는 영화 〈트와일라잇〉(2008)의 에드워드와 벨라처럼, 남성과 여성이 대립 관계에 놓이는 예들이 문화사에서 수없이 등장한다. 이는 일상에서도 자주 목격되고 있다. 근육질의 남자가 굵은 목소리를 내면서 마치 절대적인 남성미를 구현하려는 듯이 당당하게 등장하는 모습을 미디어에서 흔하게 볼 수 있다. 이와 달리 사람들의 말에 귀를 기울이고 의사소통을 소중히 여기고 동시에 품위까지 넘쳐 보이는 여성은 전형적인 여성상으로 추앙받고 있다. 어떤 사람이 남녀의 성향과 특성을 모두 갖고 있다면, 우리의 인식은 혼란에 빠지고 말 것이다. 우리는 그들을 평상시처럼 한눈에 구분하지 못할 테니 말이다.

남녀의 성에 관해 뭐라고 이야기를 하든 간에 개인의 성별이 삶의 모든 단계에서 항상 중요한 것은 아니다. 나이가 들면서 성호르몬의 생성이 감소하고 남녀의 신체는 서로 비슷해지며 신체 에너지가 성별 구분 없이 줄어들고 사라진다. 그러면서 직업 경력, 가족 또는 오랫동안 심취했던 취미 등이 정체성과 귀속감에서 중요한 요인으로 부각될 수 있다. 그럼 성별의 차이가 나이에서 비롯된 문제라고 볼 수 있을까?

자기 자신과 성에 관해 진지하게 고민할 때, 생물학적 성에 구속되지 않는 자유와 여유가 중요해질 것이다. 그래야 남녀를 명확하게 구분 짓는 의도가 무엇인지를 질문할 수 있기 때문이다. 어째서 남성과 여성을 구분하는 기준이 그렇게 중요한 문제일까? 금발인 사람과 흑발인 사람을 왜 이처럼 열심히 구분하지 않을까? 성별이 뭔가 특별한 것을 말해 주는 것일까?

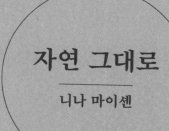

자연 그대로

니나 마이셴

사무실

김 살몬

"무화과 잎사귀들, 요포(원시 부족민들이 성기를 가리는 천), 속옷, 창문틀, 샤워 커튼, 화장실 문 그리고 포르노 영상에서 남자 성기를 자동으로 모자이크 처리하는 필터…."

사무실 동료 마리오는 헤드폰을 끼고 있다. 나를 쳐다볼 때까지 그에게 손짓한다. 그가 헤드폰을 벗는다. "나한테 뭐라고 했어?"

"성기를 감추기 위해 얼마나 많은 발명품이 만들어졌는지 생각해 본 적 있어?"

그가 코를 찡그린다. "그런 생각을 왜 하는데?"

"그렇지? 내 말이 그 말이야."

"뭐라는 거야?"

"사무실에서 성기라는 말을 꺼내는 것만으로도 넌 당황하잖아. 아주 은밀한 사적인 부분이니까."

마리오가 대뜸 킬킬댄다. 내가 묻는다. "왜 웃는데?"

"사무실에서 성기라. 록이나 메탈 밴드 이름으로 썩 괜찮은 것 같아." 그가 말한다.

"글쎄, 난 잘 모르겠는데." 내가 대답한다. "그런데 내가 웃긴다고 생각하는 게 뭔지 알아? 아무리 우리가 가까운 사이라도 너를 보고 '안녕, 고추 달린 마리오!'라고 절대 말하지 않아. 내가 널 아예 몰랐다면 아마도 이렇게 말했겠지. '안녕하세요, 슈트레커 씨.' 너도 알다시피 이 말이나 그 말이나 다 같은 말인데 말이야."

마리오는 내 말을 전혀 이해하지 못한 얼굴로 한동안 나를 쳐다보고 있다. 그러고 나서 뭔가 생각난 듯 "너, 메일 또 받았어?"라고 묻는다.

나는 말없이 그가 화면을 보게끔 모니터를 돌려 준다. 난 오늘도

어김없이 메일 두 통을 받았다. 그렇게 자주 메일 두 통을 받지만 결국 한 통을 받은 셈이다. 내가 보기에 첫 번째 메일과 두 번째 메일이 똑같기 때문이다.

"그런데 말이야, 미카 렌츠라는 이름만 보고 네가 여자인지 남자인지를 어떻게 알 수 있지?" 마리오가 말한다. 맞는 말이다. 인터넷에서 나는 남자도 여자도 아닌, 그저 상담사일 뿐이다. 남자인지 여자인지가 중요하지 않다. 마리오도 상담사다.

'상담사: 마리오 슈트레커, 미카 렌츠.' 이처럼 남녀를 구분하지 않아도 호칭은 전혀 이상하지 않다.

"나는 고객들한테 짜증 난 게 아니야." 나는 계속 말을 이어 간다. "고객들이 이메일로 불만 사항이나 요구 사항을 전하면서 굳이 수신자 란에 '남성 상담사에게,' '여성 상담사에게'라고 구분해서 쓸 필요는 없잖아. 그런데…."

한껏 치켜뜬 마리오의 눈썹이 마치 내 말을 중간에 자르려 하는 것 같다. "그래, 너의 열정이 대단한 건 알겠는데, 너 좀 많이 지쳐 보여."

"내가 어떻게 하면 좋을까, 마리오?"

"고객에게 답신할 때 이렇게 해봐. '추신: 작은 오해가 있었던 것 같습니다. 저는 결코 그럴 의도가 없었지만 사실 저는 여자….'"

내가 다급히 그의 말을 가로막는다. "미쳤어? '추신: 작은 오해가 있었던 것 같습니다. 저는 고객님이 생각하시는 것처럼 고추 달린 남자가 아닙니다'라고 쓰라고? 인증을 위해 사진이라도 첨부해서 보낼까?"

"왜 또 흥분하고 그래, 진정해, 미카."

"여보세요, 당신은 나의 생식기를 떠올리지 않으셨나요? 하하,

바로 지금!"

내 동료는 책상 너머로 날 응시하고 있다. 한동안 침묵이 흐른다. 그러고 나서 그는 "다시는 머릿속에서 너의 것을 상상하지 않을게"라고 말한다.

나는 꾹 참는다. "나도 미안해. 사무실에서 두 번 다시 성기에 대해 단 한마디도 언급하지 않을 거야."

"그런 건 스래시 메탈(헤비메탈의 하위 장르로, 빠른 스피드와 공격적인 사운드, 사회를 비판하고 풍자하는 가사가 특징이다) 밴드 스타일의 풍자와 어울려." 마리오가 말한다. "그런 밴드의 티셔츠에서나 볼 수 있지."

"난 그런 게 그려진 티셔츠는 안 입을 거야. 부끄러우니까." 내가 말한다. 나의 마지막 말이 끝나기가 무섭게 내 뒤통수에서 띵 하는 낮은 소리가 들리는 것 같다. "성과 이름 사이에 가운데 이름이 있긴 해." 내가 말한다.

"그래?" 마리오가 말한다. "이메일에 서명할 때 가운데 이름까지 써, 그럼 문제가 해결되겠네. 그런데 네 이름이 정확히 뭐야?"

나는 잠시 고민하다가 말을 꺼낸다. "네가 아는지 모르겠지만, 난 그 문제를 그렇게 중요하게 생각하지 않아."

주위 환경

나는 단지
외부 영향의
산물인가?

인간은 자신의 성장 방식을 선택할 수 없다

언제나 철저하게 자기 자신을 통제하고 관리하는 사람들이 있다. 물론 이들과 달리 사소한 일에 흥분하고 분노를 표출하는 사람들도 있다. 이처럼 사람들은 각기 다르다. 우리 모두 각기 다른 조건 아래에서 세상에 태어나기 때문이다. 그런데 타고나는 것보다 더 중요하고 모두가 배워야 할 것이 있다. 바로 집중과 자기 제어다. 이것은 분명 어떤 사람들에게는 쉬울 수도 있겠으나, 우리는 집중하고 제어하는 법을 배워 갈고닦아야 한다. 앞서 언급한 타고난 능력과 삶의 자세를 통해서 말이다. 개인의 발전에서 집중과 자기 제어보다 더 중요한 것이 있을까? 만약 있다면 그것은 선천적일까, 아니면 후천적일까?

오늘날 대부분의 연구자들은 선천적-후천적 비율이 대략 50 대 50이라고 말한다. 연구자들에 따르면 우리 행동의 반은 생물학적 유전으로부터, 그리고 나머지 반은 사회적 영향으로부터 비롯되었다. 하지만 우리에게는 선택권이 없다! 다시 말해 우리는 유전 인자를 선택할 수 없을뿐더러 성장 발달의 첫해부터 사회의 영향에서 벗어날 수도 없다. 모든 인간은 가족과 국가, 문화 안에서, 종교의 영향 아래에서 태어나 자란다. 말도 떼기 전에, 아니 어머니의 자궁에 있을 때부터 우리는 환경의 영향을 받기 시작한다. 예를 들어 어머니가 임신한 이후로 스트레스를 많이 받았다고 가정해 보자. 그러면 어머니의 스트레스가 태아의 뇌와 면역 발달에 영향을 끼쳐 아이는 성장하면서 병치레가 잦다고 한다. 이 아이가 자라면서 질환을 앓게 될 확률은 스트레스를 덜 받은 어머니에게서 태어난 아이의 확률보다 훨씬 더 높다.

아기는 부모의 애정과 배려 속에서 성장한다. 아기의 생존은 돌보는 사람에 달려 있기 때문에, 아기는 자신과 밀접한 관계를 맺고 있는 사람들을 잘 따르려는 경향이 있다. 아기는 그들의 행동에 관심을 보이고, 그들이 무엇을 좋아하고 무엇을 싫어하는지에 반응한다. 그래서 아기는 부모의 목소리와 얼굴을 좋아하게 되고, 그러면서 부모와 긴밀한 유대감을 쌓아 간다. 가족과 첫 유대감을 형성하는 데 가장 중요한 것이 바로 신뢰다. 아기는 이미 신뢰와 이질적인 것을 식별할 줄 알고 익숙하고 좋아하는 것을 계속 발전시키려고 한다. 이런 행동 유형은 사람에게서만이 아니라 동물에게서도 발견된다. 그래서 유아기에 형성된 애착을 토대로 아기는 점점 더 자신을 부모와 일치시키려고 한다. 자아의식이 구체적으로 발달하기 전부터 아기는 신뢰하는 '우리'와 낯선 '타인'을 구분하기 시작하는 셈이다.

아기는 '남성,' '여성'이라는 카테고리를 알지 못하지만, 간접적으로 성별을 구분하는 법을 배운다. 특히 부모의 성별뿐만 아니라 주변인들의 것도 구분할 줄 알게 된다. 이와 같은 배움은 피부색에도 적용된다. 아기는 가장 많이 접하는 얼굴색을 눈여겨보면서 타인의 얼굴을 인식한다. 조금 더 자란 아이들은 '검은색,' '흰색,' '남성,' '여성'을 구분할 줄 알고, 이를 통해 누가 어떤 그룹에 속하는지를 직관적으로 습득한다. 이것으로 우리는 '우리'와 '타인' 간의 경계를 짓고 이런 구분은 발달 초기에 내면화된다.

아이들 대부분이 자신의 성별로부터 얼마나 많은 영향을 받

아기는 자신이 신뢰하는 것을 더 좋아한다.

느지는 실험을 통해 밝혀졌다. 세 살 또래의 남녀 아이들이 모니터 앞에 앉아 화면을 보고 있다. 화면에는 남자아이와 여자아이의 얼굴이 차례로 등장한다. 아이들은 이 둘을 오늘 처음 보았다. 남자아이는 이름이 벤이라고 소개하면서 "나는 탄산음료가 좋아, 제일 좋아"라고 말했다. 다음으로 여자아이는 베시라고 소개하고 말했다. "나는 케이크를 좋아해. 케이크는 내가 가장 좋아하는 거야." 화면이 꺼지고 나서 실험자는 세 살 난 남녀 아이들에게 탄산음료와 케이크 중에 어떤 것을 더 좋아하는지 물었다. 아이들은 둘 중에 하나만을 고를 수 있다. 남자아이들의 65퍼센트가 벤의 탄산음료를 선택했다. 이에 반해 85퍼센트의 여자아이들이 베시가 들고 있었던 케이크를 선택했다. 아이들이 탄산음료와 케이크 중에 하나를 선택해야 할 경우 대부분 자신과 같은 성의 선택을 따른 것이다. 이 실험에서는 음식을 예로 들었지만, 장난감과 옷으로 바꾸어도 같은 결과가 도출될 것이다.

아이는 자라면서 자신의 출신, 가족의 계층, 빈부를 경험으로 알게 된다. 또한 시간이 지나면서 한 그룹뿐만 아니라 서로 중첩되고 맞닿은 여러 사회적 그룹에도 속하게 된다. 이때 개인의 특성이 '우리'를 어떤 그룹에 넣는가와 '다른' 그룹에 넣는가의 기준이 된다. 기계공학을 전공하고 관련 분야에서 일을 하는 여성은 남성보다 소수다. 만약 이 여성이 백인이고 독일에서 태어났다면, 그녀는 주류인 백인 여성이다. 어떤 그룹에서는 소수일 수도 있지만, 동시에 주류 그룹에 속할 수도 있는 것이다. 여러 연구에 따르면 소속된 그룹의 정체성이 자기 이해와 성향, 그리고 중요한 결정을 내리는 데 영향을 끼친다.

우리-타인이라는 원칙 아래에서 그룹이 나뉜다.

나는 어떤 역할을 할까?

　　일상생활의 자기 연출을 연구 주제로 삼은 캐나다 사회학자 어빙 고프먼[1]은 "우리 모두는 연극을 하고 있다"고 주장한다. 그가 말하는 자기 연출이란 우리 모두가 일상에서 각기 다양한 역할을 하고 있다는 의미다. 역할극이 펼쳐지는 모든 무대에는 무대가 사적이든 공적이든 상관없이 나름의 규칙이 존재한다. 어딘가에 기록되거나 규정되어 있지 않지만, 구속력이 있는 규칙들이 엄연히 존재한다. 학교에서 하는 행동은 집에서의 행동과 다를 테고, 친구들과 있을 때 그리고 낯선 이들과 있을 때 우리의 행동은 각각 다르다. 심지어 어떤 사람들은 휴양지에서 평소와는 다르게 행동하면서 자신도 미처 알지 못했던 역할을 느닷없이 하기도 한다. 원래 말이 많았던 사람이 갑자기 부끄럼을 타는 사람으로 변하기도 한다. 돈이 적고 많음에 따라 행동도 달라진다. 우리는 각 상황과 외부 환경에 맞게 행동을 달리한다.

　　이와 같은 역할극은 각기 다른 성별을 가진 인간의 행동에도 적용될 수 있다. 고프먼과 마찬가지로 다른 사회학자들도 우리가 자신의 성을 사회적 역할에서 표현할 뿐만 아니라 남녀의 사회적 성 역할을 끊임없이 재생산한다고 주장한다. 이 표현과 재생산은 이 주제에서 중요한 핵심 단어로, 인간의 학습 태도를 통해 가장 잘 설명될 수 있다. 인간은 반복을 통해 배우기 때문이다. 우리는 이전 사람들이 보여 주었던 것을 넘겨받아 반복해서 습득하고, 또다시 다른 사람들에게 모범을 보인다. 이 과정은 언어 습득으로 시작해서 실천으로 마무리된다. 따라서 우리는 늘 무엇인가를 반복함으로써 사회에서 자신의 역할을 하고 있는 셈이다.

남녀의 성은 우리가 어릴 때 이미 내면화된 기본 카테고리다. 당연히 우리의 사회적 역할은 성과 밀접하게 연관되어 있다. 만약 부모가 아들과 딸을 다르게 대하면서 키운다면 부모 역시 이 내면화에 동참하는 것이다. 이러한 개입은 부모가 용돈을 주는 일과 같은 사소한 일에도 이미 반영되어 있다. 흔히 남자아이는 여자아이보다 용돈을 더 많이 받는다. 또한 부모가 아이들의 행동을 판단하는 방식에도 차이가 분명 있다. 여자아이가 어떤 일에 흥분한다면 그건 화를 내는 것이다. 여자아이들은 대개 용감하다! 반면에 남자아이가 같은 행동을 보인다면 그건 고집을 부리는 것이다. 남자아이는 거칠다! 여러 연구에 따르면 어머니는 아들의 한계를 시험하는 반면에, 딸에게는 한계를 제시하려 한다. 같은 행동이 어떤 경우에는 문제가 되지 않지만, 다른 경우에는 문제로 여겨지는 것이다. 이처럼 부모는 아이들에게 영향을 끼치고 특정한 역할 행동들을 고착시킨다. 여기서 역할 행동은 사회에서 통용되고 있거나 사회가 부여한 남성적, 여성적 행동을 가리킨다.

우리는 일상생활에서 사회적 역할을 배워 체득해야 한다. 이를 위해 주변에서 다양한 사람들을 만나 봐야 한다. 형제자매들 틈바구니에서 자란 아이와 홀로 성장한 아이 사이에는 분명한 차이가 있다. 이뿐만 아니라 형제만 또는 자매만 있는 아이, 남매와 함께 자란 아이, 그리고 다양한 연령대 안에서 성장한 아이는 각각 다르다. 우리가 동경하는 스타와 유명인은 이상형으로서 우리의 역할 행동에 큰 영향을 끼친다. 물론 긍정적인 이상형도 있는 동시에 닮고 싶지 않은 부정적인 이상

인간은 사회적 역할을 반복함으로써 배운다.

형도 엄연히 존재한다.

우리가 자신의 역할에 대해 좀 더 이
해하고 싶다면, 역할에 잘 적응하도록 노력하
거나 다른 그룹들과 거리를 두어야 한다. 하지만
최근 들어 친구들과 지나칠 정도로 가까이 붙어 서로
를 비교할 때가 많다. 친구가 브랜드 제품을 샀을 때, 나만
빼고 모든 아이가 유행하는 스타일로 치장하고 다닐 때, 친구
들이 다 아는 걸 나만 모른다고 느낄 때, 우리는 종종 소외감을 느낀
다. 콘서트나 파티에 가지 않아 함께 이야기를 나눌 수 없을 때도 자신이
소외되었다고 느낀다. 그렇다면 우리의 소유, 능력 그리고 활동에서 보이
는 이 모든 차이는 우리가 자신을 어떻게 이해할 것인가 하는 문제에 이
미 영향력을 발휘하고 있는 셈이다.

우리의 행동이 남들과 별반 다르지 않다고?

자동차, 유행, 음식 그리고 미용의 공통점은 무엇일까? 답은
각기 다른 남녀의 소비 성향과 삶의 양식을 보여 주는 상품, 즉 성별에
따라 소비가 달라지는 상품이라는 것이다. 누가 돈가스를 주로 먹을까?
코코넛 향기가 나는 바디 워시에 관심을 갖는 사람은 누구일까? 차체가
낮은 스포츠카를 운전하는 사람은 주로 누구이고, 저녁 식사로 샐러드
를 먹는 사람은 대체로 누구일까? 우리 사회에는 성별 고정 관념이 존재
한다. 이 고정 관념에 따라 전형적인 여성의 색, 남성의 색뿐만 아니라 남
녀의 행동, 남녀 스포츠가 나뉘어 있다. 여자아이의 장난감인 인형과 말,

남자아이가 갖고 노는 공룡과 소방차가 그 예다. 성별에 따라 나뉘는 이런 장난감은 전형적인 성 역할을 잘 보여 준다.

여기에는 전제가 있다. 바로 남녀의 성은 전형적인 특징들을 갖고 있다는 것이다. 대부분의 사람은 이런 특징들을 주저 없이 받아들여 발달시키고 고정 관념으로 내면화하여 남들처럼 행동한다. 이 고정 관념에 따르면 여자아이는 배려심이 깊고, 남자아이는 모험을 좋아한다. 여성은 몸매에 신경을 쓰고 달콤한 향기를 좋아하고, 남성은 고기를 즐겨 먹고 스포츠카를 동경한다. 물론 이처럼 사람들을 단순화, 일반화하여 어떤 그룹에 포함시키는 설명은 진부하다. 하지만 우리 모두는 일상생활의 행동에 영향을 끼치는 진부한 이미지에 사로잡혀 있다. 이 진부한 고정 관념이 뭐가 정상이고 비정상인지, 뭐가 허용되고 금지되는지를 알려 주고, 이에 관한 우리 인식을 발달시킨다.

성별에 관한 상투적이고 진부한 특징과 고정 관념이 현실을 대변하는 것은 아닐까? 이런 질문의 대답은 학문의 영역만이 아니라 사회의 영역에서도 의견이 분분하다. 어떤 이들은 성별에 대한 진부한 특징과 고정 관념 안에는 일말의 진실이 숨겨져 있다고 주장한다. 이에 반해 다른 이들은 일말의 진실이라는 것이 사회에 의해 만들어진 것이고, 이것이 현실이 된다고 강조한다. 우리가 고정 관념을 내면화하고 나서 행동으로 옮기기 때문이다. 물론 이 고정 관념이 남녀의 행동과 특징을 대체로 보여 주는 건 사실이지만, 성별에 따라 모두에게 같은 특성을 부여함으로써 일반화와 과장이 있을 수밖에 없다. 구성원들 간의 차이가 외면되거나 배제되는 것이다. 어떤

성별 고정 관념이 우리 행동에 영향을 끼친다.

사람은 이런 질문을 할 수도 있다. '선물을 더 예쁘게 포장할 수 있는 사람은 누구일까?' '고장 난 하수구를 더 잘 고칠 수 있는 사람은 누구일까?' 이처럼 고정 관념에는 부정적인 것만이 아니라 긍정적인 것도 있다. 하지만 분명한 사실은 이 고정 관념이 개인의 삶에 영향을 끼친다는 점이다. 설령 이것이 나쁜 게 아니라 해도 말이다.

　　한 실험을 통해 고정 관념이 개인의 자기 평가에 어떤 작용을 하는지가 밝혀졌다. 이 실험은 여자아이들의 자기 이미지가 수학 시험에 어떤 영향을 끼치는지를 조사했다. 여학생들을 두 그룹으로 나누고 같은 수학 시험을 실시했다. 첫 번째 그룹은 평범하게 시험을 보았다. 이와 달리 두 번째 그룹은 시험 전에 만화에 등장할 법한 귀여운 여자아이의 그림을 보여 주고, 그림에 나타난 여성의 특징을 말하도록 했다. 그러고 나서 다시 한 번 여성성을 환기했다. 실험 결과, 두 번째 그룹의 수학 점수가 더 낮게 나왔다. 이 실험을 통해 유추할 수 있는 것은, 자신의 성과 상투적인 고정 관념을 떠올리기만 해도 여자아이들이 수학 시험에 부정적인 영향을 받는다는 것이다. 진부한 고정 관념, 예를 들어 '여성은 수학이 약하다' 또는 '수학은 남학생이 더 잘한다' 등은 실제로 작용한다고 가정할 수 있다. 개인적으로 그렇게 생각하지 않더라도 말이다.

　　'남자는 울지 않는다'라는 상투적인 관념은 선천적일까, 후천적일까? 대부분의 남자아이는 일정한 나이가 되면 남성성을 증명해야 함을 당연하게 생각한다. 심지어 어처구니없는 내기까지 한다. 이때 그들은 서로에게 깊은 인상을 주기 위해 전력

고정 관념은 과장되어 있다.

을 다한다. 그들은 폼 나고 거친 것이 최고라고 여긴다. 예를 들어 스포츠에서 맨 나중에 뽑히는 사람은 아마도 그룹에서 별로 인기가 없을 것이다. 경쟁과 증명의 압박 속에서 몇몇 남자아이들은 제대로 성장하지 못한다. 그들의 그룹에서 이상적인 남성성과 일치하지 않는 속성과 사회적 역할은 저평가되고 배제되기 때문이다.

스웨덴의 어린이집에 대한 여러 연구에 따르면, 아이들은 남녀의 성별을 구분할 줄 알지만 '전형적인' 특징으로 분류하지 않는다. 다만 이 실험에는 아이들이 성별을 굳이 따지지 않는 환경에서 성장했다는 전제가 있다. 성별을 굳이 따지지 않는 양육에는 남녀 모두에 공통되는 몇 가지 기본 원칙이 있다. 모든 아이가 모든 장난감을 갖고 놀 수 있어야 하고, 놀이에서 본인이 하고 싶은 사회적 역할을 할 수 있어야 한다는 것이다. 남성적·여성적인 특성을 모두 갖춘 장난감, 예를 들어 로봇이 추는 발레, 진주 목걸이를 가득 실은 트럭 같은 장난감 등을 갖고 노는 가운데 일방적이고 진부한 고정 관념은 배제되어야 한다.

고정 관념은 자기 평가에 부정적인 영향을 끼칠 수 있다.

누가 어떻게 설명될까?

고정 관념이 끼치는 영향에 관해서는 두 개의 차원, 즉 일상생활에서 서로 부대끼며 관계를 맺는 개인적 차원과 사회적 차원이 구분되어야 한다. 사회 구조는 평가 기준을 정하고 제시하여 개인적 차원에 영향을 준다. 이에 대한 좋은 예시가 학교다. 학교는 사회 구조가 아이들의 일상뿐만 아니라 아이들 간의 관계에까지 영향력을 발휘하는 공간이다. 예를 들어 학교에서 아이들은 학습 능력과 지성, 지식을 배워야 한다. 이와 더불어 특별히 자기 이익과 주장을 잘 대변할 수 있는 언변도 키워야 한다. 하지만 남들을 잘 웃기는 능력이나 타인을 배려하는 좋은 인성, 배우가 될 만한 연기력은 학교의 평가 항목에 포함되지 않는다. 학교에서 좋은 성과를 낼지 아니면 낮은 성과에 그치고 말지는 사회 구조가 제시한 평가 기준에 도달하는가 여부에 따라 결정된다. 당연히 이 기준은 학교에서 매우 중요하다.

여기에 남녀 성별에 대한 고정 관념도 함께 작용한다. 우리가 가진 장단점을 성별과 연관시키기 때문이다. 학교에서 고정 관념에 따라 요구된 학습 능력, 집중력과 사고력을 최고 수준으로 끌어올린 학생은 더 나은 기회와 유리한 조건을 갖게 된다. 이는 사회의 거의 모든 분야에서도 마찬가지다. 능력과 개성이 성별에 따라 다르게 인식되고 평가된다면, 우리 자신의 생각과 기준도 달라지게 된다. 이는 여성은 기계공학도가 될 수 없다거나 남자는 금실로 장식된 케이크를 구울 수 없다는 의미는 아니다. 다만 타인에게 자신의 능력을 증명해야 한다는 것이다.

광고 영상, 영화와 텔레비전에서는 제품 판매량을 높이기 위해 고정 관념에 충실한 역할 이미지가 사용된다. 장난감을 비롯한 많은 제품이 여자아이와 남자아이의 성향에 맞추어 색깔만 달리한 경우가 대부분이지만, 다양하게 제조되고 여러 버전으로 판매된다. 언론 보도에서도 성별을 구분하는 사회 구조를 어렵지 않게 볼 수 있다. 심지어 정치와 같은 공공 영역도 인물에 대해 보

모든 사람은 사회 구조에 종속되어 있다.

도하는 방식이 다르다. 지금까지 역대 독일 총리들 가운데 앙겔라 메르켈 (2005년부터 2021년까지 독일 최초의 여성 총리이자 동독, 과학자 출신의 총리)처럼 독일 언론이 총리의 외모에 대해서 그렇게 빈번하게 보도한 적이 없다. 물론 전 독일 총리 게르하르트 슈뢰더도 한 언론인으로부터 머리카락을 염색했는지 질문을 받은 적이 있다. 하지만 분명히 여성 총리의 머리 모양과 외모에 대한 언론 보도가 남성 총리보다 더 많이, 더 자주 회자되고 있는 것처럼 보인다. 물론 외모와 신체적 특징은 언론 매체에서 한 번쯤은 오르내릴 수 있는 좋은 기삿거리다. 외모와 신체 특징에 관심이 없는 사람이 몇이나 될까? 그런데 외모와 신체 특징이 나랏일에 정말로 중요한 문제일까? 다른 문제를 다루어야 하지 않을까? 언론이 어떤 사건을 보도하면서 특정인의 피부색이나 출생지를 언급한다면, 그 배경에 대해 의구심을 갖지 않을 수 없다. 어떤 범죄가 발생했을 때 피부색이나 출생지에 대한 정보, 예를 들어 범죄자의 국적이 어디인지 또는 그가 독일에서 얼마나 오래 살고 있는지에 대한 정보를 굳이 캐낼 필요가 없다. 그런 정보가 범죄 해결에 전혀 도움이 되지 않기 때문이다.

　　　유명한 영화도 남녀의 성을 동등하게 그리지 않는다. 물론 남성적이지도 여성적이지도 않은 인물들이 매우 드물게 등장한다. 그런데 남성 캐릭터는 자주 더 복잡하게 그려지고 여성 캐릭터는 그렇지 않다. 예를 들어 영화 한 편이 여성 캐릭터를 독립적인 인물로 그려 내고 있는지를 알아보기 위해서는 세 가지 질문이 필요하다. 그러면 손쉽게 검증할 수 있다. 첫째, 자기 이름을 걸고 비중 있게 등장하는 여배우가 최소한 두 명 이상인가? 아니면 단역으로 출연하는가? 둘째, 두 여성이 진지한 대화를 나누는가? 셋째, 그렇다면 두 여성이 나누는 대화 주제는 남성들에 관한 것인가? 이를 벡델 테스트(영화, 소설 등의 성 평등 정도를 가늠할 수 있는 테스트)라고 하는데, 이 테스트는 여성뿐만 아니라 다른 인종과 피부색을 가진 사람들에게도 적용될 수 있다.

설령 이 세 기준이 충족되더라도 또 다른 질문이 제기될 수 있다. 누가 감정적으로, 이성적으로 연기하고 있는가? 누가 영화의 이야기를 적극적으로 이끌어 가고 누가 이야기에 수동적으로 끌려가고 있는가? 고전적인 영웅의 여정에서 여성은 종종 영웅의 거사를 돕는 인물로, 또는 영웅을 위험에 빠뜨리는 인물로 등장한다. '남자다운 영웅이 공주를 구원한다'는 이야기 구조는 많은 오락 영화나 비디오 게임에도 수없이 나온다. 여기서 게임 하는 사람은 영웅이 되기 위해 여러 목표를 달성해 나간다.

미디어는 성에 대한 고정 관념을 심심찮게 보여 준다.

우리의 성 역할은 수천 년 전부터 고착되고 지속되어 왔기 때문에 현대 사회와 문화에 여전히 각인되어 있다. 하지만 오늘날의 성 역할은 더는 기계적으로 직장 생활과 사생활에서 통용되지 않는다. 100년 전만 해도 남녀의 확고한 행동 양식이 있었고, 사회적 역할도 정해져 있었다. 예를 들면 여성들은 상당히 오랫동안 교육받을 기회가 없었고 전체적으로 남성들보다 열악한 대우를 받았다. 남녀의 동등한 권리를 강하게 주장한 정치적 운동의 결과로 사회적인 성의 역할이 바뀌었다.

당연히 우리는 '남녀의 성,' '피부색' 그리고 '출신 배경'이라는 카테고리 안에서 생각을 계속해서 이어 나갈 수 있다. 또한 자발적으로 고정 관념을 재단할 수도 있다. 독일에서는 자신의 삶을 꾸려 나가는 방식이 법적으로도, 사회적으로도 정해져 있지 않다. 지난 반백 년 동안 전통적인 역할 분배는 지속해서 변하고 있다. 동시에 하나의 성을 가진 남녀뿐만 아니라 두 개의 성을 가진 사람들 모두 새로운 활동 공간과 자유를 누리고 있다.

카를로타 프라이어

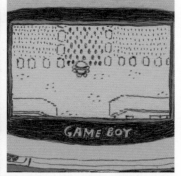

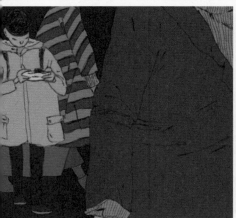

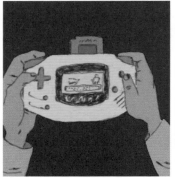

8~16세

메를린 크르체미엔

8세

여기는 학교 예배당. 초등학교 1학년생들이 강단으로 올라가는 계단 위에 서 있다. 앞쪽에는 여자아이들이, 뒤쪽에는 남자아이들이 자리를 잡고 있다. 그들 모두 입학 선물인 사탕 봉지를 손에 들고 있다. 어떤 아이들은 히죽히죽 웃고 있고, 어떤 아이들은 주의가 산만하다. 한 남자아이는 왼쪽 귓불에 금색 귀고리를 하고 있다. 또 어떤 아이들은 같은 유치원 출신으로 서로를 알아보고, 어떤 아이들은 오늘 처음 만난 사이다. 여자아이들은 원피스 위에 긴 상의를 입고 있다. 거의 모든 남자아이들은 격자무늬 셔츠를 바지 안으로 넣어 입었고, 상의에 코르덴 재킷이나 풀오버를 걸치고 있다. 여자아이들은 반짝거리는 운동화를 신고 입장한다. 나이가 지긋한 여선생님이 왼쪽에 서서 미소를 짓고 있다. 그을린 얼굴을 보니 아마도 여름휴가 때 어디 다녀온 모양이다. 선생님의 짙은 붉은색 머리카락에서 연륜이 느껴진다.

9세

데니스는 자의식이 강한 아이지만, 운동할 때는 그리 즐거워 보이지 않는다. 꽉 끼는 티셔츠에 축구화도 없이 축구를 한다. 그는 다른 아이들보다 훨씬 더 똑똑하다. 그래서인지 엘마르는 운동장에서는 데니스를 못마땅하게 생각한다. 하지만 신기하게도 이 둘은 서로 붙어 다닌다. 데니스는 엘마르의 집을 마치 자기네 집처럼 드나든다. 하지만 엘마르의 부모는 데니스의 엄마가 생계를 책임지고 있다는 사실이 마음에 들지 않는다. 엘마르는 부모의 의견을 완전히 이해할 수는 없지만, 곧 부모가 그리 틀리지 않았다는 것을 알게 된다. 교실에서는 데니스가 왕이고 체육관에서는 엘마르가 지배한다. 그들은 서로 어떤 사이인지 잘 모르는 것 같다.

10세

숲으로 떠나는 수학여행에는 분명한 규칙이 있다. 학생들은 숙소를 나가는 즉시 미리 정해진 짝과 함께 있어야 한다. 모든 학생에게 숫자가 사전에 공지되었다. 1번은 2번과, 그것도 남자아이와 여자아이가 짝을 이루어야 한다. 그런데 그리 현명한 선택은 아닌 것 같다. 남자아이들은 여자아이들이 너무 느리다고, 여자아이들은 남자아이들이 너무 거칠다고 생각한다. 율리아네의 짝은 마르틴이다. 그는 반에서 키가 가장 크다. 라라는 율리아네와 마르틴이 비밀리에 서로 사랑하고 있다고 한다. 율리아네는 그게 정확히 무엇을 의미하는지 모르고 있다. 하지만 그녀는 마르틴을 좋아하고 그의 볼에 키스한다. 루이제는 당뇨병을 앓고 있어 선생님과 함께 다녀야 한다. 산책 길에 그들은 다람쥐를 보고 놀란다. 한 아이가 달팽이를 밟아 죽인다.

11세

왼쪽에 있는 마르크는 곧은 성격이고, 오른쪽에 있는 테오는 게이에 관심이 있다. 그래서 테오는 귀고리에 관대하지만, 마르크는 그렇지 않다. 지금까지는 귀고리가 문제가 되지 않았지만, 이제 마르크는 걱정되기 시작한다. 그동안 그가 잘못 생각한 것일까? 마르크는 테오 때문에 줄곧 마음이 편치 않다. 성격이 곧이곧은 마르크, 게이에 관심이 있는 테오. 줄곧 그랬다. 마르크는 그게 정확히 무엇을 의미하는지 확신할 수 없지만 더는 테오를 감당할 수가 없다. 마르크와 테오의 어머니는 불쾌하기 짝이 없다. 어머니는 마르크가 테오를 좋아한다고 생각한다. 하지만 이는 오해다. 마르크는 남자아이들은 물론이고 여자아이들도 맘에 들지 않는다. 마르크는 앞으로 집에 가는 스쿨버스를 타지 않겠다고 결심한다. 두 달 뒤에 그는 학급에서 처음으로 여자아이와 키스했다. 그와 키스했던 여자아이는 좀 특이하게 보이지만 분명 여자아이다. 이즈음에 다른 아이들도 귀고리에 별다른 관심이 없다.

12세

쌍둥이 라라와 레아는 교정을 휘어잡고 있다. 그들은 작고 귀엽지만 다른 아이들보다 더 총명하고 목소리가 크다. 그들은 벽에 기대어 서 있으면서 아이들에게 세상의 이치를 마치 다 알고 있다는 듯이 종종 연설을 한다. 틸데는 이 쌍둥이를 참을 수 없지만 대들 수도 없다. 그래서 틸데는 굉장히 화가 난다. 그녀는 이 상황이 옳지 않다고 생각하고 가끔 쌍둥이의 부모에게 자신의 의견을 말하곤 한다. 목요일에 한 남자아이가 구조물에서 떨어졌다. 다행히 아무 데도 다치지는 않았지만 좀 우스꽝스럽게 보인다. 레아가 암탉을 자극하자 암탉이 울어댄다. 틸데는 참을 수 없어서 레아의 코를 때린다. 아이들은 벌로 방과 후 학교에 남는다. 아이들은 여선생님을 여전히 존중한다.

13세

4학년의 마지막 수업이다.[2] 그래서 아이들이 작은 음악회를 연다. 그들은 아바의 〈난 꿈이 있어요I have a Dream〉를 노래한다. 선율이 아름다운 노래로, 어떤 선생님이 편곡했다. 아이들은 연극도 무대 위에 올린다. 엘마르는 대사를 매끄럽게 전하지는 못했지만, 스타가 되기에는 충분하다. 한 여자아이는 이미 굽이 있는 신발을 신고 있다. 부모들은 아이들처럼 서운한 감정에 휩싸인다. 아이들은 처음으로 새 출발을 경험한다. 율리아네가 수석 졸업이고, 데니스가 차석이다. 어떤 아이들은 같은 학교로 진학할 것이다. 다른 아이들은 아마도 스포츠 클럽 같은 곳에서 다시 만나게 될 것이다. 햇볕에 얼굴이 그을렸던 담임 선생님은 곧 퇴직한다.

14세

진실과 의무. 루이제는 마르틴을 좋아한다. 마르틴은 마리를 좋아한다. 틸데의 가장 큰 두려움은 임신이다. 같이 놀기에 테오는 너무 겁이 많다. 마리가 윗옷을 벗는다. 하지만 혼자 벗고 싶어 하지 않자, 마르틴이 입고 있던 티셔츠를 벗는다. 테오는 마리가 속옷을 입고 있는 것이 불공평하다고 말한다. 마르틴은 마리와 루이제에게 키스한다. 마리가 더 잘한다고 마르틴은 생각한다. 그는 마리와 루이제 모두의 입술이 따뜻하고 촉촉하다고 느낀다. 테오는 좀 더 용기가 있었으면 하고 자신을 탓한다.

15세

두 명의 남자아이들이 거울 앞에서 줄자를 갖고 별난 조사를 한다. 머리카락이 금발인 남자아이는 더 넓은 가슴과 더 큰 이두박근, 속칭 알통을 갖고 있다. 다른 남자아이는 갈색 머리카락이 어깨까지 내려와서 더 멋져 보인다. 그 둘은 가장 친한 친구로, 서로의 아픔도 공유하는 사이다. 여자아이들은 항상 속옷 가게에서 많은 시간을 보내고 브래지어와 코르셋이 결합된 뷔스티에를 입어 보기도 한다. 그렇다고 뭘 사지는 않는다.

여자아이들은 이미 첫 생리를 경험했다. 모든 아이의 얼굴에 여드름이 난다. 테오만 제외하고. 그는 운이 좋다.

16세

마리는 처음으로 남자 친구와 섹스를 한다. 남자 친구는 세 살 많고 다정다감하다. 생각했던 것만큼 아프지는 않다. 마르크는 담배를 피운다. 율리아네는 자신의 몸이 작아져 춤을 출 때 남자의 품에 꼭 안겼으면 싶다. 레아는 자신이 여자아이를 좋아하고 있음을 알고 있지만, 파티에서 가죽 재킷을 입은 사람들과 시시덕거린다. 데니스는 글을 쓰기 시작했고, 또래의 아이들이 유치할 수밖에 없다는 것을 이해한다. 그는 다르게 살자고 결심하고 나서 목도리를 구입한다. 엘마르의 어머니는 암으로 돌아가셨지만 그의 친구들은 그를 위로할 수가 없다. 틸데는 런던에 사는 오빠를 찾아간다. 그는 틸데가 힘겹게 살아왔다는 것을 알고 있는 유일한 사람이다.

.

---

1) 어빙 고프먼Erving Goffman(1922~1982)은 일상생활의 행동 분석에 초점을 맞춘 미시사회학 분야를 개척했다. 그는 우리가 마치 연극의 배우처럼 타인과 소통한다는 주장으로 유명해졌다(『자아 연출의 사회학』(1959)). 또한 그는 『스티그마』(1964)에서 사회 기준에 미치지 못하는 인간은 수치심과 신뢰도 하락을 두려워하기 때문에 자신을 은폐한다고 주장한다. 이외에도 정신 병원, 교도소, 군대, 기숙 학교 등의 '총체적 기관'의 특성을 파헤친 『수용소』(1961), 개인 대 개인의 상호작용을 분석한 『상호작용 의례』(1967) 등이 국내에 번역되어 있다.

2) 독일에서는 보통 이 나이 때 초등학교Grundschule를 졸업하고 대학 입학을 위한 학교Gymnasium 또는 직업 선택을 위한 학교Realschule, Hauptschule로 진학할지, 아니면 두 가지 모두 가능한 학교Gesamtschule로 진학할지 결정한다.

몸

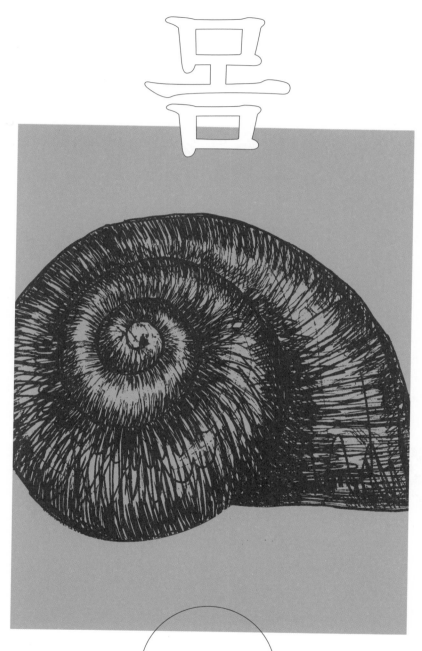

나는 어떻게
행동할까?

몸이란 과연 무엇일까?

몸은 일정한 크기와 무게를 갖고 있다. 우리 몸은 숨을 쉬고, 움직이고, 먹고, 어딘가로 이동하고, 대략 37도의 체온을 유지한다. 체내에는 심장이 뛰고 있다. 이 심장은 매일 4리터의 혈액을 혈관으로 내보낸다. 의사들은 이를 심혈관계, 혈압, 맥박 수라고 명명하고, 몸을 하나의 대상으로 설명한다.

과거에는 몸을 대상으로 취급하지 못했다. 그건 금기였다. 15세기 말까지 유럽에서는 의학 연구 목적을 위한 시신 부검이 허용되지 않았다. 그래서 당시 의사들은 비밀리에 매장된 시신을 끄집어내어 연구했다. 그들은 몸 안을 들여다볼 수 있는 다른 방법, 즉 현대의 첨단 의학 기술이 없었다. 물론 오늘날 의과 대학생들은 시신을 자세히 살피면서 해부학 수업을 잘 받고 있다.

마치 사물처럼 몸을 하나의 대상으로 바라보는 일은 우리에게 익숙하다. 예를 들어 우리는 거울 속 자신을 들여다보고, 증명사진을 찍는 특별한 경우를 제외하면 대부분 사진이 잘 나오고 자신 있는 쪽의 얼굴을 렌즈에 담는다. 감기에 걸리면 병원을 찾아가 의사에게 목구멍이나 귀를 보여 준다. 당연히 우리는 우리 몸에 대해 객관적일 수 없다. 다시 말해 어떤 사물을 보듯이 그렇게 온전히, 편견에 사로잡히지 않고서 우리 몸을 바라볼 수 없다. 왜 그럴까? 자신의 몸을 객관적으로 볼 수 있는 거리 두기가 불가능하기 때문이다. 자신의 몸을 묘사하려고 할 때 가장 먼저 눈에 띄는 것은 바로 자신의 몸을 완벽하게 관찰할 수 없다는 점이다. 나 자

우리는 몸을 하나의 대상으로 취급한다.

신은 언제나 내 몸의 한 단면만 볼 수 있을 뿐이고, 나의 뒷면을 보기 위해서는 거울의 도움을 받아야 한다. 설령 거울이나 카메라의 도움을 받는다고 해도 '나'라는 존재의 전체적인 모습을 담아 내는 일은 그리 간단하지 않다. '나'는 내 몸 안에 숨어 있어서 몸 밖에서는 자신을 바라볼 수 없다. 다른 한편으로 내 몸은 수많은 평가뿐만 아니라 감정과도 얽혀 있다. 그래서 사람들은 무의식적으로 자신의 감각적 인지를 왜곡하는 특정한 생각과 감정을 갖는 것은 아닐까? 화창한 토요일 오후가 잿빛의 월요일 아침과는 다르게 보이는 것처럼 말이다.

내가 내 몸을 관찰할 때 나는 관찰자인 동시에 관찰의 대상이 된다. 내가 몸을 갖는 동시에 바로 몸이라는 것을 철학자 에드문트 후설[3]은 내부와 외부의 관점 차이로 요약한다. 몸을 가질 때(소유) 나는 몸을 대상으로 경험한다. 몸일 때(존재) 나는 몸으로서 나 자신을 경험한다. 그래서 후설은 몸이라는 존재를 육체적 경험으로 설명했다. 사람들은 평상시에는 이에 대해 전혀 생각하지 않는다. 가다, 운전하다, 양치하다와 같은 대부분의 몸의 활동은 자동으로 이루어지기 때문이다. 내가 고통을 느끼지 않는 한, 또는 새로운 움직임을 몸에 익히지 않는 한, 예를 들어 새로운 스포츠를 배우지 않는 한 내 몸의 감각은 언제나 뒷전으로 물러나 있다.

의식적으로 집중하여 자신의 몸을 인식하는 두 가지 방법이 있다. 하나는 가능하면 몸을 중립적이고 객관적으로, 마치 대상을 살펴보듯이 외부에서 관찰하는 방법이다. 다른 하나는 신체를 인지하고 더 이상 몸과 경험을 구분하지 않는 것이다.

인간은 몸을 갖고 있는 동시에 몸 그 자체다.

자연으로부터 멀리?

문화가 형성된 이후부터 사람들은 자연을 길들이고 자신의 이익을 위해 끊임없이 이용해 왔다. 토지를 개간하고 숲의 나무를 벌목하고 물길을 곧게 바꾸고 다리를 건설했다. 이처럼 자연을 이용함으로써 농지를 경작하고 체계적인 식료품 생산이 가능해졌고, 이는 의약품 발달과 에너지 획득으로 이어졌다. 이렇듯 자연을 길들이는 인간의 몸부림은 우리 문화를 발달시킨 원동력이 된 셈이다.

현대의 재배 방법이 출현하기 전부터 농부들은 이미 과실이 유난히 많이 열리거나 특별히 맛있는 열매가 맺는 식물들을 선별할 줄 알았다. 또한 그들은 잘 자라는 식물들의 종자들을 선별하여 수집했고 다시 농지에 뿌렸다. 그래서 수많은 세대에 걸쳐 그토록 바라던 식물의 특성이 강화되거나 새로운 품종이 만들어졌다. 초창기 농업은 소규모로 움직였지만, 오늘날은 전 세계 시장을 좌우하는 규모로 성장했다. 식물의 종자는 상품으로서 전 세계에서 거래되고 있다. 20세기 들어 화학 산업은 효능이 높은 살충제를 개발했고, 그 덕에 식량을 재배하는 산업 분야에서 다시 한번 혁신이 일어났다. 이제 인간은 지구 자원만으로 미래를 계획하는 단계에 머물지 않고, 나아가 화성 정착, 인공 지능처럼 미래의 인류 생존을 보장하는 기술에 대해 고심하고 있다. 결국 인간은 자연을 활용하여 삶을 윤택하게 만들고 있다. 자신의 목적을 위해 자연을 개발하는 것이다. 그런데 인간도 자연의 일부가 아닌가? 우리도 다른 동물들처럼 자연에

자연은 자원으로 간주된다.

의존하는 생명체가 아닌가?

인간의 문화 가운데 일정 부분은 동물과 엄연히 구
별된다고들 한다. 예를 들어 토요일 오후 많은 사람이 오
가는 쇼핑몰에서 방뇨하는 사람은 아마 없을 것이
다. 특정한 상황에서 우리는 트림하고 방귀를
뀌는 생리 현상을 자제한다. 동물들처럼 생존
을 위해 어쩔 수 없이 해야 하는 육체적 활동들 역
시 특정한 규칙 아래에서 행한다. 예를 들어 도구(수저,
나이프와 포크)로 음식을 먹고 하품할 때 손으로 입을 가린다.
본성을 드러낼 때도 특정한 선을 넘지 말아야 한다는 관념이 우
리 문화에 내재해 있는 듯하다. 그렇다면 자연을 길들이고 이용하는
일도 가능하면 최소한의 범위에서 이루어져야 할 것이다. 예를 들어 식
욕, 갈망, 권태 또는 성욕과 같은 충동, 그리고 그 외의 생물학적 욕구가
이따금 절제될 수 있다는 것이다. 이와 관련하여 철학자 장자크 루소[4]는
인간 본질이 자기 자신의 완성에 있다고 주장한다. 루소에 따르면, 인간
은 완벽해지기 위해 자신을 끊임없이 갈고닦는 여정을 통해 동물과 구별
된다.

인간은 작물을 경작하듯 충동과 감정도 길러 낸다.

어느 누구도 완성하지 못하는 것이 어째서 이상적일까?

우리 몸은 가장 중요한 표현 수단 가운데 하나다. 우리 몸에서
가장 먼저 눈에 띄는 것은 키, 머리 모양, 몸의 형태 그리고 옷맵시다. 몸
은 자신을 타인에게 소개할 때 건네는 명함과 비슷해서 멋있거나 예쁜

의복으로, 유행하는 머리 모양으로 외모를 가꿀 수 있다. 물론 법률만큼
은 아니지만, 어느 정도 구속력이 있는 규칙이 있다. 그것은 바로 자신을
가꾸고 동물적 본능을 절제하는 모습을 타인에게도 보여 주어야 한다는
규칙이다. 이는 최대한 능력을 발휘하여 자신을 일정한 형태로 유지
해야 한다는 뜻이다. 간단히 말하자면 완벽을 향한 노력 그 자
체다.

몸의 이상형은 변해 간다.

　　　　얼마나 많은 사람들이 정기적으로 면도하
는지를 한 번쯤은 생각해 볼 필요가 있다. 사람
들은 턱수염과 다리털을 깎고 가끔은 음모도 제
거한다. 자연의 흔적이 흐릿해지고 몸이 문화의 이상
적 기준에 맞춰지는 것이다. 인간이 추구하는 이상적인 외
모는 시간의 흐름에 따라, 문화에 따라 늘 변하고 있다. 17세기
유럽에서는 풍만한 여성이 이상적인 미인으로 추앙을 받았다. 이러
한 미인상은 네덜란드 화가 루벤스[5]의 그림에서 찾아볼 수 있다. 태국에
서는 화장하고 여성처럼 옷을 차려입은 남자들, 심지어 성확정 수술까지
받은 트렌스젠더 여성들 역시 오래전부터 미인상의 한 부분을 차지한다.
그들은 '레이디보이즈Ladyboys'라고 불린다.

　　　　오늘날 많은 사람들이 자신의 몸을 완벽하고 이상적인 몸매로
가꾸고 있다. 이러한 흐름은 패션, 영양 섭취, 피트니스, 메이크업, 노화
와 미용이라는 주제로 미디어에서 줄곧 다뤄지고 있다. 2010년 한 연구
에 따르면 전 세계 여성의 96퍼센트가 자신의 외모에 불만이 있다고 한
다. 다시 말해 전 세계의 여성 대부분은 자신이 아름답지 않다고 생각한
다는 것이다. 독일에서는 여성의 98퍼센트가 같은 생각을 하고 있다. 이

것은 그냥 지나칠 문제가 아니다. '아름다움'은 종종 '올바름'을 연상시킨다. 아름다움에는 옳고 그름이 없다고 해도 아름다움은 좋은 것, 추함은 나쁜 것이라는 생각을 갖게 하고, 이러한 생각이 자주 혼란을 야기한다. 자신이 아름답지 않다고 여기는 사람은 자신이 올바르지 않다는 감정에 쉽게 동화될 수 있다. 또한 아주 적은 사람들만이 이상적인 몸을 완성하기 때문에 나머지 대부분의 사람들은 불완전함과 힘겨운 싸움을 벌여야 한다. 놀라운 사실은, 그 누구도 완전함에 도달할 수 없다는 것을 모두가 알고 있다는 점이다. 영화와 광고가 보여 주고 있고 거의 모든 사람이 따라갈 수도 없는 미의 이상형에 우리가 홀리는 까닭은 무엇일까?

아름다움의 이상형이 일상에서 얼마나 중요한지를 자신에게 물어봐야 한다. 누가 아름다움의 이상형을 완성할 수 있을까? 우리를 잘 아는 사람들은 우리의 어떤 점이 중요하다고 생각하고 어떤 점을 맘에 들어 할까? 예를 들어 친구들에게는 우리의 외모가 그리 큰 문제가 되지 않는다. 보통 자신이 신뢰하는 사람의 코가 높든 낮든 전혀 개의치 않는다. 신뢰를 바탕으로 그를 좋아하기 때문이다. 코의 높낮이보다는 다른 것, 예를 들면 함께 웃어 주는 것, 어떤 일을 같이 도모하는 것, 친구들이 우리를 지지해 주는 것이 소중하다. 또한 친구들이 우리를 어떻게 생각하고 있는지가 진지한 고민거리다. 아마도 우리와 친구들은 서로에게 호감이 있을 것이다. 이처럼 우리가 친구와 가족의 이상적인 아름다움에 무관심한데도 누구를 위해 아름다움의 이상형에 이르고자 애를 쓰는

아름다움은 올바름과 같지 않다.

65

걸까?

우리는 외모와 더불어 행동도 갈고닦는다. 예를 들어 웃으라는 강요를 받지 않더라도 언짢은 기분이나 분노나 슬픔을 밖으로 표출하지 않는다. 우리는 느끼고 생각하는 것을 거짓 없이 대놓고 말하고 그것을 정확히 행동으로 옮기는 사회에 살고 있지 않다. 그저 다른 사람들의 기분에 휘둘리지 않기 위해서 일정한 방어막이 쳐진 문명사회에 살고 있을 뿐이다. 사람들은 번번이 문명사회의 방어막으로부터 이탈한다. 잘 웃지도 않고 남들에게 친절을 잘 베풀지 않고 때론 너무 불친절하기까지 하다! 때론 너무 크게 말하거나 때론 너무 과묵하다. 그렇지만 이 모든 것이 비정상은 아니다. 모든 사람이 이상형에 도달할 수는 없기 때문이다. 대신에 '정상인'들과 달리 문화의 기준에 전혀 들어맞지 않는 사람들에게 별도의 호칭을 부여한다. 예를 들면 고도 비만자, 간성인(의학적으로 남성 혹은 여성으로 명확하게 식별되지 않는 사람), 신체적으로나 정신적으로 장애를 가진 사람들, 성전환자, 동성애자 등이다. 이러한 구분은 비만인, 장애인, 게이, 레즈비언 같은 사람들을 가리키는 일상 용어에서부터 출발한다.

우리는 타인보다 자신을 더 비판적으로 바라본다.

우리는 부끄러워해야 하는가?

몸이 문화가 설정한 기준에 미치지 못하면 자주 부끄러운 감정을 느낀다. 예를 들어 갑자기 땀을 많이 흘리면 부끄러움과 당혹스러움을 느낀다. 인간을 제외하면 땀을 흘린다고 해서 부끄러워하는 동물은 없다. 극도로 긴장하거나 흥분할 때 우리 몸은 하루에 18리터까지 땀을 쏟아 낸다. 땀과 입에서 나는 냄새로 난처해지고, 정액이나 질 분비물과 같은 체액에도 당황한다. 이와 같이 인간의 부끄러움은 몸에서 시작된다. 몸이야말로 인간의 기원이 자연임을 나타내는 명백한 증거이기 때문이다. 몸을 완전히 통제하지 못하면 난처한 상황에 빠질 수밖에 없다.

많은 사람들이 대형 마트에서 콘돔이나 생리대, 탐폰을 계산대 위에 올려놓을 때 기분이 그리 유쾌하지 않다. 자연스러운 생리 작용을 암시하는 물건들 때문에 당혹감을 느낀다는 사실이 놀랍지 않은가? 모든 이들이 자연스러운 본능을 갖고 있는데도 이를 내색하거나 들키고 싶어 하는 사람은 아무도 없다. 반대로 많은 에너지와 인내와 창의력을 발휘하여 동물들과 거리를 두려고 한다. 실제로 우리 문화는 특정한 금기를 통해 동물들과 구분 짓는다. 공공장소에서 금지되는, 나체로 돌아다니는 것이나 방탕한 성생활은 포르노나 스윙어 클럽(파트너를 바꾸거나 무리를 짓는 등 다양한 성적 일탈을 허용하는 클럽)에서는 볼 수 있다.

만약 타인에게 잘못을 저질렀거나 실수로 그의 심기를 거스르면 어떤 반응이 나타나는지를 잘 안다. 그럴 때마다 부끄러움을 느낀다. 자신이 의도치 않게 사회적, 문화적 선을 넘었다고 여기기 때문이다. 그래서 부끄러움은 개인적인 차원에만 국한되지 않는다. 부끄러움은 원칙과 규범이 사회에서 얼마나 잘 작동하는가 하는 사회적 차원과도 깊이 관련되어 있다. 철학자 프리드리히 니체[6]는 이를 권력의 차원으로까지 확대했다. 니체는 인간의 도덕이 무엇보다 인간을 길들이고 인간의 야성

인간은 부끄러움을 느끼는 동물이다.

을 문명화하는 목적을 위해 고안되었다고 주장한다. 그는 도덕에 인간을 억압하기 위한 권력 수단이 내재해 있다고 보았다.

인류 역사에서 인간의 문명화는 두 가지 측면이 있다. 하나는 훈육과 처벌이고, 다른 하나는 도덕의 방향과 사회적 유대다. 사회의 도덕적 원칙과 규범은 사람들 간의 유대를 강화하고, 동시에 모든 사람이 공동생활의 원칙을 신뢰할 수 있도록 배려한다. 이로써 각 개인은 권리와 안전을 보장받고, 원칙을 깨는 사람은 벌을 받거나 사회로부터 배제된다. 그래서 대부분의 사람들은 처벌받지 않으려고 한다. 사회적 동물인 인간에게는 강한 귀속 욕구가 있기 때문이다. 진화론에 따르면 주변인들과 주위 환경에 잘 어울리는 사람들의 생존 비율이 가장 높다. 유아들은 뭔가 잘못된 일을 하면 기분이 좋지 않다는 것을 경험하고, 다른 사람의 기대나 기준에 부응하면 기분이 좋아지는 것도 경험한다. 사회의 원칙을 따르지 않는 사람은 부끄러워할 줄 알아야 한다! 이런 의미에서 부끄러움은 행동을 교정하는 효과가 있어서 사람들이 자신의 행동을 통제하게 만든다. 그러다 보면 문화적 금기는 권력 행사와 억압의 수단이 될 수도 있다.

본래 인간은 욕망을 좇는 동시에 고통을 피하면서 살아가고자 한다. 우리는 보통 부끄러움, 혐오와 같은 부정적인 감정을 피하려고 노력하고, 대체로 도덕적 원칙에 맞는 삶을 살고자 정진한다. 그렇다면 부끄러움과 혐오도 자연스럽게 삶의 원동력이 될 수 있다. 이때 사람을 당혹스럽고 부끄럽게 만드는 것이 무엇인지는 문화가 결정한다. 사람을 부끄럽게 하는 요인은 언제든지 바뀔 수 있고, 어디까지가 부끄러움

규칙 위반에는 부끄러움이 뒤따른다.

의 영역인지도 문화마다 다르게 규정된다. 음식을 먹을 때 손으로 먹어야 하는지 아니면 도구를 이용해서 먹어야 하는지도 문화에 따라 달라진다. 음식을 먹을 때 소리를 내도 상관없는지 아니면 그래서는 안 되는지도 문화가 결정한다.

부끄러움과 혐오는 우리가 도덕적으로 '선하다, 나쁘다'고 느끼는 것과 깊이 연관되어 있다. 우리는 부끄러움의 경험을 통해 무엇이 올바르고 무엇이 잘못된 것인지를 배운다. 이러한 경험은 우리 안에 각인되어, 우리 행동이 앞으로 어느 방향으로 나아갈지를 알려 주는 이정표 역할을 수행한다. 또한 부끄러움은 인간이 도덕적 한계선을 넘었다는 것을 알려 주는 일종의 신호등이기도 하다. 부끄러움을 잘 느끼지 못하는 사람들은 사회의 도덕적 원칙을 제대로 준수하지 않으려고 할 것이다. 심지어 부끄러움을 아예 모른다면 앞뒤 재지 않고 막무가내로 행동할 것이다. 그런 사람은 공동생활에서 도덕적 원칙을 준수해야 한다는 감각이 없기 때문이다.

도덕적 원칙은 인간의 귀속 욕구 때문에 제 기능을 한다.

우리는 혐오하고 싶은 걸까?

1970년 독일 연방 의회에서 한 여성이 치마가 아닌 바지를 입고서 단상에 올라 연설을 했다. 당시에는 공식 석상에서 여성은 치마를 입어야 했다. 이 일은 엄청난 스캔들이자 도덕적 한계선을 넘은 사건으로 사람들의 입방아에 오르내렸다. 물론 오늘날에는 누구도 문제 삼지 않는 평범한 일이다. 수천 년 전부터 우리 몸은 도덕관을 놓고 싸우는 전쟁터였다. 이 싸움터에서 올바르고 그른 것이 무엇인지, 결백하고 불순한 것이 무엇인지가 결정되었다. 우리가 몸을 다루는 방식은 언제나 사회가 결정해야 하는 문제다. 예를 들면 어느 정도의 노출을 허용해야 할까? 신체의 어떤 부위를 가려야 할까? 누가 치마를 입어야 할까? 치마의 길이는 어느 정도 되어야 할까?

인간의 몸이 사회에서 어떤 평가를 받았고 어떻게 통제되는지를 보여 주는 수많은 예가 있다. 그중에서 자위는 20세기에도 도덕적 토대에서 판단되었다. 무엇이 의학적, 과학적으로 해로운지 설명되지 않은 채 말이다. 또한 이상적인 처녀성이라는 것도 존재했다. 100년 전만 해도 여성은 처녀로 결혼해야 한다는 사회적 합의가 지배적이었다. 이 합의에는 기독교에서 비롯된 특별한 관념이 수 세기에 걸쳐 자리 잡고 있었다. 바로 처녀성이 도덕적 명령이라는 관념이다. 처녀성의 무시는 곧 죄였다! 또 다른 예로 월경이 있다. 현대에도 여성은 생리 중임을 남들에게 이야기하는 것을 몹시 꺼린다. 오랫동안 월경은 불순하고 혐오스러운 것으로 여겨졌고, 생물학적인 약점으로 치부되었다. 성욕과 관련된 남성 호르몬 테스토스테론 조절에 대해서는 대부분 전혀 문제 삼지 않는 것과 달리, 여성의 생리 주기는 문화적으로 경시되었다. 몸의 문명화로 인해 우리는 스포츠, 예술, 음악 영역에서 최고의 능력을 발휘하게 된다. 한편으로 몸은 여러 원칙에 종속된다. 부끄러움의 한계선과 사회의 금기는 문화적으로 결정되고, 교육과 집단행동에 따라 다양하게 각인된다. 파티에서 찍은 사진들을 SNS에 올린 사람들은 대단히 만족하겠지만, 그 사진들을 본 다른 사람들은 매우 당황해할지도 모른다.

기독교적 색채가 뚜렷한 서구 문화에서 몸은
오랫동안 감옥으로 여겨졌다. 몸은 정신이나 영혼과
달리 우리를 일정한 틀 안에 가두어 제한하는 것
으로, 소멸할 수밖에 없는 덧없는 것으로 생각되었다.
또한 몸은 무방비인 상태로 욕망과 궁핍에 노출된 허약한
존재라고 여겨졌고, 우리는 몸 때문에 부끄러움과 수치심을 느
낄 수밖에 없다. 이런 생각과 더불어 몸은 외부와 전혀 소통할 수 없
는 폐쇄적인 단일체로서 간주되었다. 이뿐만 아니라 몸 안에서 일어나거
나 몸에서 시작되는 모든 것을 일상의 의식으로부터 지워 버리는 일도
함께 일어났다. 마치 몸의 모든 구멍이 서서히 막혀 결국에는 사라지는
것처럼 말이다. 항문 같은 몸의 구멍들이 금기시되어 사람들은 이에 관
해 거의 이야기하지 않는다. 물론 화장실을 하루에 몇 번씩 가더라도, 화
장실은 은밀하고 폐쇄적인 공간이다. 몸에 있는 수많은 구멍처럼 체액도
문화에서 금기다. 소변, 땀, 혈액 그리고 생리혈은 종종 불결한 것으로 간
주된다. 예를 들어 어떤 사람이 아침마다 소변을 마신다고 대놓고 떠들
어 댄다면 엄청난 혐오감을 불러일으킬 것이다. 그의 행위가 의학적으로
문제가 없는데도 말이다. 우리 몸이 주변 환경과 끊임없이 뭔가를 주고
받고 있다는 사실을 우리는 망각하고 있다. 음식을 먹거나, 숨을 쉬거나,
머리카락이 빠질 때도 말이다.

손을 잡고 같이 길을 걸어도 되는 사람은 누구일까? 우리에게
는 사생활이 존재한다. 이 사생활의 영역이 어디까지인지를 알 수 있는
가장 적합한 예가 바로 신체 간의 거리감이다. 이 거리감의 정도는 문화
마다 다르고 다양하다. 독일 문화는 여자 친구들끼리 팔짱을 끼거나 손

을 잡는 행위를 문제 삼지 않는다. 반면에 남자 친구들끼리 팔짱을 끼거나 손을 잡는 행위는 받아들이지 않는다. 그건 남자답지 못한 행위이기 때문이다. 손을 잡고서 거리를 거니는 남자들을 보면 사람들은 분명 그들이 게이라고 생각한다. 공공장소에서 어떤 행동을 해도 되는지는 문화에 따라 다르다. 어떤 나라에서는 볼에 가볍게 키스하기도 하고, 또 어떤 나라에서는 악수한 손을 계속 흔들면 불쾌해하기도 한다. 심지어 시선을 맞추는 것도 문화에 따라 추근거리거나 희롱하는 것으로 받아들일 수도 있고, 단순히 뭔가에 집중하는 행위로 해석될 수도 있다.

공적 공간에서 누가 누구와 신체 접촉을 해도 괜찮은가는 사회가 결정한다.

몸으로 해야 하고, 할 수 있는 행위는 사회가 결정하고 일정 부분 금지하기도 한다. 그 가운데 몸의 운명과도 같은 탄생과 죽음은 사회에서 흔히 다뤄지는 것들과는 근본적으로 다른 주제다. 죽음과 사망은 공포 영화와 비디오 게임 그리고 스플래터 영화(공포 영화의 하위 장르로 잔혹함과 유머가 공존한다)에서 자주 등장하여 우리 일상생활 안으로 들어온다. 우리는 오싹함과 긴장감에 희열을 느끼고 혈흔이 낭무하는 죽음의 장면에 빠져든다. 충동도 재미와 쾌락을 주지만, 공공장소에서는 우리를 당혹스럽게 만들 수 있다. 우리는 충동을 조절하고 절제하는 법을 배웠지만 나체나 성행위를 대하는 우리의 태도는 이중적이다. 우리는 발기된 남자 성기, 젖은 음부, 그 밖의 성적인 것들을 공개적으로는 배척하지만, 그것들이 포르노 같은 매체에서 다시금 등장하는 것은 허용한다.

다양한 텔레비전 방송도 금기를 깨는 중이다. 혐오와 부끄러움, 수치심이 가감 없이 드러나는 리얼리티 프로그램이 큰 성공을 거두

며, 이제는 프로그램의 성공 요인이 되었다. 시청
자들은 그런 프로그램을 싫어하면서도 한편
으로는 열광한다. 결국 그들이 원하는 것
은 혐오와 부끄러움, 수치심과 일정한 거리를
두는 것이다. 그런 프로그램은 평범한 저녁 시간을
보내는 오락거리일 뿐이다. 만약 시청자와 방송 프로그
램 간의 거리가 좀 더 가까워진다면 이런 모순적인 태도가 과
연 유지될 수 있을까? 인간이 통제하고 억누르는 것이 다른 곳에서
재등장하는 것이 완전히 정상일까?

우리가 밀어낸 것이
다른 곳으로 되돌아온다.

몸

레나 그뢰네

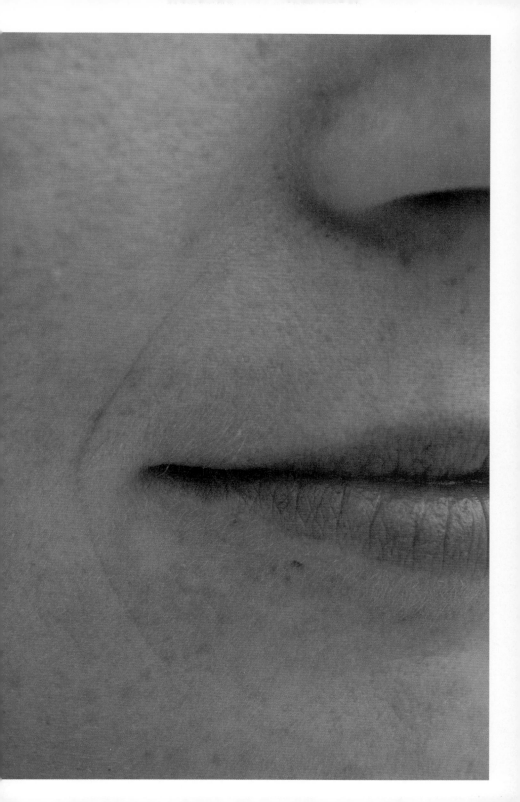

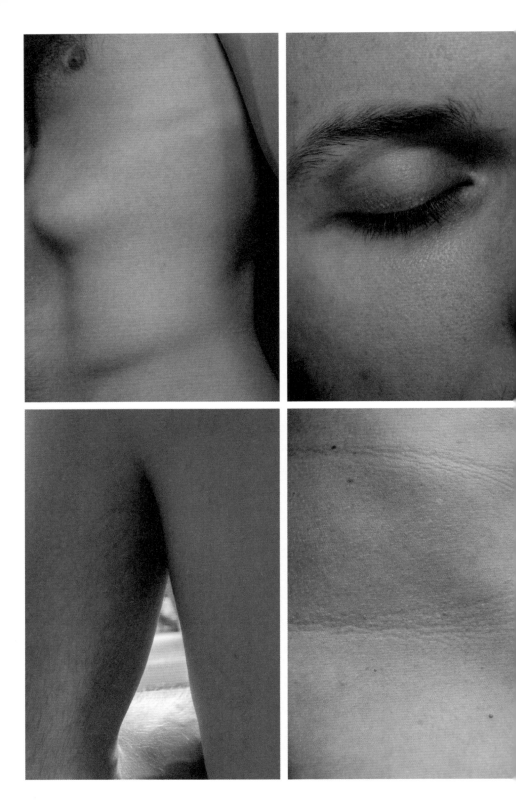

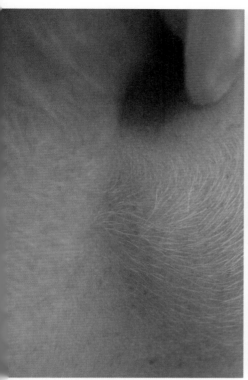

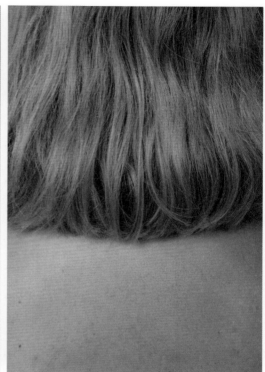

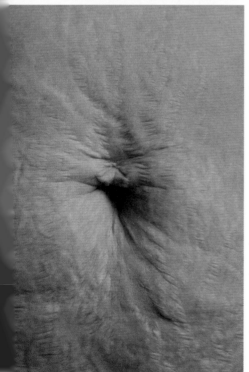

내 사진을 보면서 자연스러움이 무엇인지에 대해 질문해 보자. 나는 피부와 여러 신체 부위를 사진으로 찍었다. 사진들을 보면 체모나 '사회 기준을 따르지 않는' 외모 때문에 부끄럽기도 하다.

나에게 체모는 완전히 자연스러움 그 자체다. 체모는 내 몸을 보호하고 진화의 조건에 따라 자라고 있다. 그런데도 나는 제모를 한다. 난생처음으로 털을 깎았던 때는 열세 살 여름 캠프에서였다. 피부 자극을 줄여 주는 준비도 없이 그저 멍청하게 건조한 다리를 제모했다. 그리 상쾌한 기분은 아니었지만 제모하는 그 순간만큼은 나 자신이 대단하다고 느꼈다. 내 몸 일부분이 좀 더 '여성'에 가까워졌고 그때부터 어린 꼬마가 아니었다.

어째서 우리는 원래의 몸을 가만히 내버려 두지 않는 것일까? 우리는 과연 어떤 사람이 되고 싶은 걸까?

3) 에드문트 후설Edmund Husserl(1859~1938)은 현상학 체계를 세운 철학자다. 존재와 구체적인 주관으로부터 분리된 '순수 의식'을 탐구한 그는 20세기 가장 영향력 있는 현대 사상가들 중 한 명이다.

4) 장자크 루소Jean-Jacques Rousseau(1712~1778)는 토머스 홉스Thomas Hobbes 와 결이 다른, 인간의 자연 상태로의 회귀를 주장한 프랑스의 철학자이자 사회학자이자 교육자다. 대표 저서로는 『불평등기원론』, 『에밀』, 『사회계약론』 등이 있다. 그의 사상은 프랑스 혁명에 커다란 영향을 끼쳤다.

5) 페테르 파울 루벤스Peter Paul Rubens(1577~1640)는 독자적인 바로크 양식을 확립한 17세기 유럽의 대표 화가다. 일본 애니메이션으로 더 친숙한 위다Ouida의 동화 『플랜더스의 개』에서 화가를 꿈꾸던 가난한 소년 네로가 보고 싶어 했던 〈십자가를 세움〉과 〈십자가에서 내려지는 예수〉를 그렸다.

6) 프리드리히 니체Friedrich Nietzsche(1844~1900)는 독일의 문헌학자이자 철학자다. 후대의 사람들은 그를 서구의 전통을 깨부수는 '망치를 든 철학자'라고 부른다. 그는 '신의 죽음,' '허무주의,' '위버멘슈Übermensch,' '영원회귀' 등을 주장했다. 그가 후세에 끼친 영향은 지크문트 프로이트Sigmund Freud, 카를 마르크스Karl Marx와 함께 어깨를 나란히 한다.

사랑

나는 어떻게
살고 싶을까?

'정상'이라고 해서 모두가 같은 것은 아니다

많은 사람들이 때가 되면 가정을 갖고 아이를 낳고 싶어 한다. 아마도 그들에게는 당연한 소망일 것이다. 독일 사회에서 35세에 가정을 꾸리는 것은 평범하고 정상적인 일이다. 하지만 어떤 사람들은 그렇지 않을 수도 있다. 모든 사람이 평범하고 정상적인 것을 원하지 않을 수도 있기 때문이다. 다시 말해 모두가 똑같고 전형적인 연인 관계를 바라는 것은 아니기 때문이다. 모든 커플이 아이를 원하는 것도 아닐 것이고, 설령 아이를 원한다고 해도 어떤 커플은 한 명만, 어떤 커플은 쌍둥이를 원할 수도 있다. 이와 달리 동성 부부는 자녀 계획을 위한 생물학적 조건뿐만 아니라, 아이를 갖거나 입양할 수 있는 자격을 인정받아야 할 수도 있다. 이처럼 당연하고 정상이라고 생각했던 아이와 가족에 대한 소망이 현실에서는 훨씬 더 복잡해질 수 있다. 안타깝게도 이 소망이 사회에서는 정상이라고 여겨지기 때문에, 종종 소망과 현실 간의 차이뿐만 아니라 소망을 실현하기 위한 다른 조건들을 보지 못할 수도 있다. 더군다나 이 조건도 현실적이고 정상적이라는 사실을 망각할 수도 있다.

대부분이 잊고 있는 사실이 하나 더 있다. 바로 생물학적 성별과 원하는 성적 성향이 서로 다른 것임을 인지하지 못한다는 것이다. 물론 이성애를 기준으로 삼는 사회 규범 아래에서는 이 차이가 간과되고 무시될 수도 있다. 대부분의 이성애자는 두 가지를 전제한다. 바로 생물학적으로 명확한 남녀의 성별, 그리고 다른 성에 대한 성적 끌림이다. 다시 말해 남자

이성애는 두 개의 생물학적 성을 전제로 한다.

는 자신이 남성임을 인지하며 여성을 좋아하고, 여자는 자신이 여성임을 받아들이고 남자에게 호감을 느낀다는 것이다. 하지만 이성애자들은 항상 남자가 여자를, 여자가 남자를 좋아하는 것이 아님을 간과한다. 모든 것은 그리 간단하지 않다. 성별과 성적 성향은 이성애가 확고한 사회적 규범일 경우에만 일치한다.

성별과 성적 성향이 서로 일치하지 않음은 특히 '트랜스젠더,' 즉 타고난 생물학적 성을 부정하고 다른 성을 자신의 성이라고 여기는 사람들의 성적 성향에 대해 언급할 때 더욱 명확해진다. 예를 들면 자신의 성이 여성이라고 느끼는 남성들 또는 자신의 성이 남성이라고 확신하는 여성들 말이다. 여자아이로 태어났지만 자신을 남성이라고 느끼는 사람이 남자를 사랑한다고 말한다면, 어떤 사람들은 황당하다고 느낄 수 있다. 그들은 우선 그 사람이 왜 자신을 남성으로 느끼는지를 이해하지 못한다. '어차피 남자를 좋아하는데 여자로 사는 것이 더 낫지 않을까?' 아니면 '여자로 태어났지만, 남자가 되어 동성애자로 살고 싶은 걸까?' 그들이 이런 의문을 갖는 이유는 이성애라는 사고 틀에 갇혀 있기 때문이고, 한편으로는 성 정체성과 성적 성향을 혼동하고 있기 때문이다.

성 정체성과 성적 성향은 서로 다르다. 다시 말해 자신이 남자인지 여자인지를 구분하는 것과 자신이 남자를 좋아하는지 여자를 좋아하는지는 서로 다른 문제다. 자신이 여성이라고 느끼는 남자는 다른 남자를 사랑하고 연인 관계가 될 수 있다. 트랜스젠더 가운데 동성애자가

남녀의 성별과 자신이 원하는 성적 성향이 항상 일치하지는 않는다.

있을 수도 있다. 예를 들어 자신을 여성으로 느끼고 살면서도 여자에게 성적 매력을 느끼는 남자들도 있다. 성 정체성은 가장 먼저 자신을 어떤 성별에 포함할 것인지를 결정한다. 그리고 성적 성향은 자신이 어떤 성에 매력을 느끼는지, 누구를 어떻게 사랑하는지를 설명한다. 성격이 평생 발전하고 변화하는 것처럼, 어떤 사람들은 사는 동안 자신이 다른 성 정체성 또는 다른 성적 성향을 원할 수도 있다. 그렇지만 지금까지의 성적 성향이 자신과 맞지 않았다는 뜻은 아니고, 나중에 다른 것이 훨씬 더 적합할 수 있다는 뜻이다.

내가 누구를 좋아할지 누가 어떻게 결정하는가?

짐승을 상대로 하는 수간은 괜찮은가? 혼전 섹스는? 두 달마다 파트너를 바꾸는 것도 문제가 될까? 만약 이 질문들에 예 또는 아니오 하고 대답한다면 이를 결정하는 기준은 무엇일까? 무엇을 해야 하고 무엇을 하지 말아야 하는가의 기준은 사회가 결정한다. 사회가 정한 도덕적 관습과 법은 역사의 흐름 속에서 당연히 바뀔 수 있다. 약 2500년 전 고대 그리스에서는 남자들 간의 동성애가 허용되었다. 그 뒤로 오랫동안 유럽에서 동성애는 허용되지 않았고 동성애자들은 추방되었다. 독일에서는 남성 간의 성관계를 형벌에 처할 수 있음을 밝힌 형법 제175조항이 1973년까지 남아 있었다. 축구 클럽이나 군대와 같

이전에 금지된 것이
오늘날에는 평범한 것으로 여겨진다.

은 특정 공동체는 오늘날에도 동성애를 금기시하기도 한다.

성적 지향과 성향을 뒤늦게 발견하더라도 이를 어쩔 수 없다고 생각하는 사람들이 많다. 우리는 자신의 성적 성향을 선택할 수 없고 성적 지향이 언제나 명확한 것도 아니다. 자신이 정말로 여자 또는 남자를 좋아하는지 자문할 수밖에 없는 결정적인 순간을 맞을 수 있다. 100퍼센트 이성애자, 100퍼센트 동성애자, 100퍼센트 양성애자는 없다. 더욱이 성적 성향이 더 강하게 표출되는 경우도 많다. 성적 성향은 이미 다양하게 개념화되고 있다. 예를 들면 이성애자, 동성애자, 양성애자, 성 소수자, 범성애자 그리고 무성애자 등이다. 여기서는 가장 중요하고 가장 널리 알려진 특징들을 짧게 살펴보고자 한다.

이성애자

우리 사회에서 가장 일반적인 성적 성향은 남녀 간의 이성애다. 자신이 타고난 성과 다른 성을 가진 사람을 사랑한다면 그는 이성애자다.

동성애자

자신이 타고난 성과 같은 성을 가진 사람을 사랑하는 이를 동성애자라 한다. 여성을 사랑하는 여성은 레즈비언이고, 남성을 사랑하는 남성은 게이다.

양성애자

남녀 모두에게서 사랑하는 사람을 찾는 이가 있다면 그 사람은 양성애자다.

이성애, 동성애, 양성애와 같은 개념들은 남녀의 성을 전제로 한다. 그런데 누군가가 여자도 아니고 남자도 아닌 사람을 사랑한다면 그의 성적 성향은 무엇일까? 제3의 성이 분명 존재한다. 독일에서도 점차로 인정받는 추세다. 자신의 성적 성향을 제3의 성으로 규정하거나 남녀 어느 성에도 속하고 싶지 않은 이들을 위해서 만들어진 개념들도 존재한다.

퀴어

'괴상한'이란 뜻의 영어 단어 퀴어queer는 레즈비언과 게이를 멸시하는 비속어로 쓰이다가 1980년대부터 미국 동성애 인권운동이 이 개념을 가져와서 긍정적인 의미를 부여했다. 동성애자, 양성애자, 성전환자, 그리고 남성 또는 여성으로 명확하게 규정될 수 없는 사람을 사랑한다면 그는 퀴어에 포함된다.

범성애자

누군가가 어떤 사람을 사랑하는데, 그 사람의 성이 무엇이든 상관없다면 그는 범汎성애자다. 다시 말해 범성애자는 사랑하는 사람의 성별을 전혀 따지지 않는다. 범성애자는 양성애자와 구분된다. 범성애자는 남녀의 성뿐만 아니라 그 이상의 성도 사랑할 수 있기 때문이다. 양성애자가 여성이나 남성을 사랑하는 반면에, 범성애자에게는 상대방의 성이 어떻게 규정되든지 간에 아무런 상관이 없다.

무성애자

성교를 전혀 중요하지 않게 생각하는 사람들을 가리켜 무성애자라고 한다. 예를 들어 그들은 성교보다는 포옹 등의 신체 접촉을 더 선호한다. 다른 특징이 동성애자, 이성애자, 양성애자, 범성애자와 유사하더라도 성교에 대한 욕구가 크지 않은 점이 다르다.

이 모든 개념은 자기 자신이 누구인지를 설명하는 데 유용할 것이다. 하지만 많은 성 소수자들은 이런 개념들로 자신의 정체성을 밝히기를 꺼린다. 그들은 이 개념들로 자신의 성적 성향을 설명할 수 없고, 이 안에 자신의 성적 성향을 가둬 둘 수 없다고 생각한다. 특히 젊은이들은 자신의 성적 성향을 상식적인 틀에 무조건 끼워 맞춰야 하는 것으로 여기지 않고 유동적인 것으로 생각한다.

파트너를 선택할 때 중요한 것은 무엇일까?

사랑을 해본 사람은 이 감정이 얼마나 강렬한 것인지를 잘 안다. 우리는 사랑하는 사람을 언제, 어떻게 만나는 걸까? 얼마 전까지만 해도 파트너를 선택하는 분명한 기준이 있었다. 20세기 초까지만 해도 지위, 사회 계층과 부富가 지금보다 훨씬 더 중요한 기준이었다. 당시에는 무엇보다 경제적이고 사회적인 안정이 관건이었던 것이다. 그래서 정략결혼이라는 용어가 생겼다. 파트너를 선택할 때 부모와 가족의 영향이 오늘날보다 훨씬 더 크게 작용해서 부모가 자식의 파트너를 물색했고 결혼을 주관했다.

오늘날 우리는 스스로 파트너를 선택할 수 있을 뿐만 아니라 파트너와의 관계를 전통에 맞게 결정할 수도 있고 형식에 얽매이지 않고 자유롭게 결정할 수도 있다. 하얀 드레스를 입고 교회에서 결혼식을 치르고 싶은가? 아니면 스몰 웨딩으로 조촐하게 치르고 혼인 신고만 하고 싶은가? 하지만 동성 커플들은 오랫동안 진지하게 자문할 수밖에 없었다. '내가 정말 결혼해도 될까?'

과거에 결혼은 사회적 안정을 위한 수단이었다.

19세기 초에 이르러서야 비로소 사랑으로 파트너를 선택해야 한다는 생각이 싹트기 시작했다. 낭만주의 시대에 사랑은 자유의 감정으로서, 말하자면 두 사람을 특별한 방식으로 그리고 사회의 억압으로부터 자유롭게 서로를 엮어 주는 감정으로서 칭송되었다. 그 밖에 합리주의적 가치관이 팽배한 세계에서도 사랑은 두 사람을 연인으로 발전시켜 성적이고 정서적인 합일을 이루게 하는 유일무이한 감정으로 여겨졌다. 이처럼 사랑을 바라보는 로맨틱한 관념은 오늘날까지 우리에게 영향을 끼치고 있다. 우리는 자신의 감정을 믿고 직관적으로 자신에게 맞는 파트너를 사랑하고 있다고 믿고 있다.

이처럼 서로를 알아 가고 사랑하는 방식은 변해 왔다. 이전에는 자신이 살고 있는 마을, 도시, 일터나 교우 관계에서 미래의 파트너를 찾아 만났다. 현재 우리가 종교와 출신에 상관없이 누군가를 만나 사귈 수 있게 된 것도 따지고 보면 얼마 되지 않았다. 최근에는 만남을 주선하는 앱과 인터넷 플랫폼이 중요해지고 있다. 온라인상에서 파트너 찾기는 그리 로맨틱해 보이지 않는다. 앱과 플랫폼에서 누군가를 만날 수는 있지만 먼저 일정한 검색 요건들을 기입해야 하기 때문이다. 여기서는 우연하고 운명적인 만남을 거의 찾아볼 수 없다. 그래서인지 온라인에서 파트너 선택은 외모와 현실적인 기준에 맞춰져 있다.

불현듯 온라인이나 거리에서 또는 친구 소개로 누군가를 만나 함께하고 싶다는 마음이 들 때가 있다. 이런 마음은 특정한 성별과 성적 성향을 떠나 누구나 갖는 감정이다. 누군가를 만나 서로 좋아하고 깊은 인연을 쌓아가는 경험에 대해 모두 잘 알고 있기 때문이다. 누군가를 사랑하고 있다는 것을 어떻게 아는 걸까? '누군가와 잘 어울린다'는 말은 사랑에 필요한 조건 같은 게 있다는 의미일까? 아니면 잘 어울리는 사람과 연인 관계로, 결혼으로 발전할 거라는 뜬금없는 단순한 예측일까?

다른 사람에게 호감을 살 만한 요인으로 신체 조건이 있다. 얼굴, 체격에서 시작하여 향기와 목소리도 포함된다. 그다음으로 성적 성향이 맞아야 한다. 그렇다고 바로 사랑으로 이어지는 것은 아니다. 이론적으로 자신의 성적 성향과 맞지 않은 사람을 사랑할 수는 있다. 문제는 자신의 성적 성향이 생각하는 것처럼 그렇게 명확하지 않다는 것이다.

다른 사람과 함께하고 싶게 만드는 결정적인 요인으로는 신체적인 매력과 함께 심리적·정신적 요인도 있다. 예를 들어 유머일 수도 있고, 삶을 대하는 태도나 특별한 성격일 수도 있다. 여러 측면에서 맞는 파트너를 찾는다고 해도 종종 자신과 완전히 다른 특성과 장점을 가진 사

사랑이 언제나 로맨틱하지는 않다.

람들에게 호감을 느끼기도 하고 서로의 부족한 면을 채울 수도 있다. 동시에 성격이 다를수록 갈등도 커질 수 있다. 그렇다고 해서 다름이 만남에 장애가 되는 것은 아니다. 다만 합의가 필요할 뿐이다. 예를 들어 얼마나 자주 만날 것인지 서로 합의해야 한다. 누군가는 매일 만나는 것이 중요한 요인일 수 있다. 누군가에게는 섹스가 무엇보다 중요한 전제 조건일 수 있다. 어떤 이에게는 독립과 자율이 굉장히 중요한 덕목일 것이다. 어떤 사람들은 연인 관계를 유지하면서도 동시에 자신을 계속해서 발전시키는 것도 중요하게 생각한다. 이와 달리 어떤 사람들은 자주 정기적으로 약속을 정해 만나는 것을 다른 것보다 훨씬 더 중요하게 여길 수도 있다.

함께한다는 것은 감정을 공유하는 것이다.

파트너를 선택할 때 우리는 생각보다 그렇게 즉흥적으로 결정하지 않는다. 그 누구보다 그 사람을 더 중요하다고 여기기 때문에 그를 사랑의 파트너로 선택한다고 말한다. 그 순간에 그 사람을 사랑하고 있음을 직감한다. 이 선택은 과거의 경험으로부터 많은 영향을 받고 신뢰할 만한 사람들에게 매력을 느낀다. 애착 이론[7]에 따르면 대부분의 사람은 유아기에 처음으로 애착의 감정을 경험한다. 파트너를 선택할 때 이 애착 경험을 떠올리게 하는 사람과 사랑에 빠질 확률이 높다. 단순하게 말하면 모든 사람은 부모와 닮았거나 유아기에 가장 중요했던 인물과 연관된 사람을 찾아다니는 셈이다! 이 이론의 주장이 사실이라면 왜 우리가 특정한 사랑에 그토록 집착하는지, 왜 우리의 파트너 관계가 이전과 비슷하게 흘러가는지 어느 정도 이해할 수 있을 것이다. 어렸을 때 양육자와의 유대 경험에서 처음으로 느꼈던 감정을 다시금 경험하고 싶어 하기 때문에 비슷한 유형의 파트너를 계속해서 만나고 사랑하는 것이라고 볼 수 있다.

사람은 왜 서로 짝을 이루려고 할까?

'그 사람을 사랑해도 될까?' '나는 언제쯤 사랑을 하게 될까?' 이 같은 질문의 답은 사랑의 정의에 따라 달라진다. 미국 과학자들은 한 설문 조사를 통해 서구 문화에는 굉장히 중요한 두 견해가 있음을 밝혀냈다. 첫째, 어떤 사람들에게 사랑은 열정처럼 강렬한 감정이다. 그들은 누군가를 만나 좋은 감정을 느끼지만 불꽃 같은 열정이 생기지 않는다면, 십중팔구 사랑으로 이어지지 않을 거라고 단정한다. 둘째, 다른 사람들은 열정이 좀 부족하더라도 사랑으로 발전할 수 있다고 믿는다. 오랜 시간이 지나면 우정에서도 사랑이 싹틀 수 있다. 감정에는 변화가 있기 마련이고 감정 또한 성장한다.

신발 한 켤레, 양말 한 쌍. 여기서 한 켤레, 한 쌍이라는 단어는 언제나 두 개를 전제로 한다. 인간은 오직 한 사람만 사랑해야 할까? 한 명 이상의 사람들과 인연을 만들 수는 없는 걸까? 당연히 일부일처제의 쌍방 관계 개념에 의문을 제기할 수 있으며, 이에 대해 진화생물학이 나름의 답을 내린다. 진화생물학에 따르면, 인간이 평생 한 명의 파트너와 계속 동거하는 것은 진화론적으로도 생물학적으로도 선례가 없다. 인간의 호르몬은 상당히 오랫동안, 심지어 아이가 부모에게 의존하지 않아도 될 때까지 성적 매력을 유지하도록 설계되어 있다. 인간은 다른 후손을 갖기 위해 새로운 파트너를 찾아 나서야 하기 때문이다.

이런 생물학적 견해가 간과하는 것이 있다. 바로 사랑이란 감정은 생물학적으로만이 아니라 문화적으로도 성장해 왔다는 점이다. 인간은 유전자 프로그램을 맹목적으로 따르는 생물학적인 기계가 아니다! 사랑하는 사람과 연인 관계를 맺거나 결혼하는 것은 생물학적 이유가 아니라 수많은 문화적·사회적 이유 때문이다. 예를 들어 우리는 누군가와 짝을 이루었다는 것을 자기 자신에게 입증하고 싶을 뿐만 아니라 타인에게도 보이고 싶어 한다. 또한 한 사람이 누군가를 만나 결혼하는 것은 국가와도 관련된 일이다. 독일은 배우자의 세금을 감면해 주고 자녀 수당을 지불함으로써, 혼인과 출산을 권장하고 가족과 아이 부양의 짐을 덜어 주는 역할을 한다.

요즘 부모는 자녀들을 부양할 뿐만 아니라 나중에는 손주들까지 돌본다. 자녀들은 전통적으로, 법적으로 늙은 부모를 부양해야 한다. 이런 환경에서 자녀가 부모를 부양하면서 동시에 대략 5년 주기로 새로운 파트너를 만나 또다시 자녀를 갖는 일은 불가능에 가깝다. 이런 측면에서 보면 일부일처제를 유지하는 또 다른 이유는 경쟁자들 간의 거리두기다. 적어도 진화심리학에서는 일부일처제의 성공 이유를 파트너 쟁탈전 축소와 사회적 경쟁의 감소에서 찾는다. 그래서 혼인의 상징으로 결혼반지를 서로 나누는 것일지도 모른다.

사랑은 문화적 개념으로, 우정을 나누는 친구와 여러 세대에 걸쳐 있는 가족 그리고 연인 관계처럼 사람들 간의 관계를 포괄한다. 우리는 각기 다양한 방식으로 사람들을 사랑한다. 동물과 자연, 사물에 대한 사랑도 인간의 사랑 레퍼토리다. 여기에 예술 작품, 종교적 대상 그리고 귀중품에 대한 사랑도 포함될 수 있다.

우리가 일부일처제 아래에서 살든, 일부다처
제나 일처다부제 아래에서 살든, 아이와 함께 살
든, 아예 자녀 없이 살든, 본가 식구들과 같이
살든, 자신이 꾸린 가족과 함께 살든, 아
무런 상관이 없다. 분명한 것은 거의 모든
사람이 더 작거나 더 큰 그룹 속에서 살고 있다
는 점이다.

일부일처제는 가족 부양뿐만 아니라 파트너 경쟁 감소에도 일조한다.

가족을 선택할 수 있을까?

우연히 누군가의 부모를 만나면 자연스럽게 그의 친부모일 거
라고 가정한다. 통계적으로 친부모일 확률이 가장 높기 때문에 어쩌면
당연한 결과일 수도 있다. 하지만 조부모일 수도 있고 아이를 입양한 양
부모가 친권자일 수도 있다. 아니면 대리 부모(친부모가 여러 사정으로 자녀를
양육할 수 없을 때, 자녀를 맡아 필요한 역할을 수행하는 사람)일 수도 있고 정자은
행에서 정자를 기증받아 낳은 한부모일 수도 있다. 이럴 때 가족 관계와
친척 관계는 매우 복잡해진다.

가족의 개념에 대해 하나로 통합된 정의는 없지만, 보통 이 개
념 안에는 아이의 존재가 포함되어 있다. 가정을 꾸리면서 여러 사정으
로 아이를 낳을 수 없을 때 입양도 고려해 볼 만한 선택이다. 아이의 입
양과 관련하여 가족을 선택할 수 있다는 점에서 선택 가족이라고 할 수
도 있다. 실제로 아이 입양은 원칙과 법률에 따라 진행된다. 아이를 입양
할 수 있는 자격 요건이 법으로 규정되어 있다. 누가 세금 혜택을 보고,

누가 상속을 받는지, 파트너에게 문제가 생겼을 경우 누가 대신 결정해야 하는지를 법률로 정한 것처럼 입양도 규정되어 있다.

독일에서 동성애는 이미 40여 년 전부터 합법화되었다. 하지만 동성애자 간의 혼인 관계는 2017년 동성결혼을 허용한 '모두를 위한 혼인'에 관한 법률이 시행되고 나서야 비로소 남녀 간의 혼인 관계처럼 동등한 권리를 갖게 되었다. 아이가 두 명의 엄마, 즉 레즈비언 부부와 함께 또는 두 명의 아빠, 즉 게이 부부와 함께 지낼 때, 이를 '무지개 가정'(또는 동성 부모 가정)이라고 한다. 간성인과 성전환자를 위해 독일은 점차 제3의 성을 법적으로 인정하고 있다. 물론 이들을 위한 부부 모델과 가족 모델은 기존의 모델에 비해 법적 보호를 충분히 받지 못하고 있다.

전통적인 정서를 따르는 가족 안에는 원칙이 존재한다. 가령 가족의 성씨를 선택할 때 따르는 원칙 같은 것 말이다. 과거 독일에서 여성은 남성의 성씨를 따랐다. 현대에는 자신의 성씨를 유지할지 아니면 파트너의 성씨를 따를지 선택할 수 있다. 자녀는 엄마, 아빠의 성 가운데 하나를 선택해야 한다.

자세히 들여다보면 각기 다양한 가족 모델들 가운데 대체로 새로운 것이 없다는 것을 발견할 수 있다. 가족의 모델로는 아버지, 어머니, 자녀로 이루어진 핵가족이 있고, 다양한 가족 구성원과 친척이 다 같이 모여 사는 다세대 가족(조부모와 부모, 자녀들 그

가족의 형태는 다양하다.

가족에 관한 법률은 국가가 관여한다.

리고 부모의 형제자매, 사촌들, 그들의 자녀들처럼 여러 세대의 사람들이 함께 사는 가족. 우리의 대가족과 비슷하다)이 있다. 여러 세대의 가족 구성원이 서로 부대끼며 같이 사는 게 여러모로 좋다는 생각에서 이런 사회적 관습이 생겨났다. 이 관습은 독일에서 500세대에 걸쳐 전해 내려오고 있다. 이러한 관습에서 파생된 현대 주거 모델이 바로 다세대 주거 또는 공동 주거다. 이 다세대 주거는 나이, 출신 그리고 성별에 상관없이 모든 사람에게 열려 있고, 대체로 자발적으로 운영되고 있다. 이곳에는 주로 집이 없거나 본인의 가족과 연락하지 않는 사람들이 주로 살고 있다. 무엇보다 이 다세대 주거는 만남의 장소로 활용되어 소식과 의견을 교환하고, 때론 품앗이처럼 서로 도와주기도 한다(맞벌이하는 젊은 부모를 대신하여 노인 부부가 아이의 등하교를 맡고, 젊은 부모는 노인이 하기 힘든 집안일을 도와준다). 마치 원래 가족이었던 것처럼 말이다.

사랑과 섹스는 분리된 것일까?

사랑 없는 섹스 또는 섹스 없는 사랑이 가능할까? 이 질문에 대한 답은 개인마다 다를 것이고 동시에 매우 복잡할 것이다. 보통의 연인들은 섹스와 열정을 기대한다. 반면에 어떠한 관계로도 발전할 가능성이 전혀 없는 사람과의 관계에서는 섹스와 사랑이 분리된다. 하지만 사랑과 섹스 간의 관계가 애매한 경우도 있다. 낯선 이와의 즉흥적인 섹스 등 정확하게 설명되지 않거나 나중에 그리 유쾌하지 않은 짧은 사건도 있다.

반면에 긴 시간을 함께 보낸 연인이 있다. 이 연인 관계에서는 섹스와 열정이 신뢰나 안전 같은 다른 가치 뒤로, 자의로 또는 타의로 밀려나기도 한다. 이들은 섹스가 일상생활의 일부가 된다고들 한다. 연애 상담과 성 연구에 따르면 대부분의 연인은 시간이 지날수록 초반보다 섹스를 덜 하게 된다. 어떤 커플은 정기적인 섹스를 완전히 포기하기도 한다. 혹시 사랑과 섹스는 원래 짝을 이루고 있다고 철석같이 믿는 지점에서 분리되기 시작하는 것은 아닐까?

독일 사회에서는 사랑과 섹스가 분리되어 있는 많은 영역이 있다. 거의 모든 성적 취향과 페티시(몸의 일부나 사물에서 성적 만족을 얻는 일)를 마음껏 즐길 수 있는 공간이 있다. 또한 포르노 영상물이 디지털 시대에 접어들어 더욱더 개인 영역으로 파고들고 있다. 포르노를 소비하는 성향이 더욱 개인 영역으로 이동하는 동시에 사회는 더욱 성적인 주제와 취향을 허용한다. 어떤 여성은 사진작가에게 자신의 가슴과 커다란 눈이 부각되도록 사진을 찍어 달라고 부탁할 수도 있다. 어떤 남자는 스튜디오에서 웃통을 벗은 채로 포즈를 취하는 것을 선호할 수도 있다. 이는 남녀 모두 자신의 몸으로 섹시함을 표현하는 행위이자, 새로운 자유를 의미한다. 아마추어 포르노 영상의 개수가 증가하는 것처럼 여기에도 사적인 것과 공적인 것이 뒤섞여 있다. 일상적인 자기표현에서도 성적인 요소들이 인용되고 사용된다.

우리 주변에는 피트니스 스튜디오, 댄스 스튜디오, 폴 댄스 학원 등이 있다. 그곳에서는 어렵지 않게 섹시한 매력을 볼 수 있다. 이 섹시한 매력의

섹스가 전부는 아니다.

사회가 섹시한 놀이를 허용하고 있다.

발산은 성적인 자극이 있어서, 불과 얼마 전까지만 해도 특별한 장소에서만 국한되었다. 오늘날 이와 같은 섹시한 놀이가 아무런 문제 없이 여가로 자리 잡았다. 그러나 포르노 배우가 떳떳한 직업으로 인정받을 정도로 포르노그래피가 우리 문화에서 주류는 아니다. 사회는 성매매 산업을 공인하지 않는다.

사람들은 대놓고 성적인 것을 선호한다고 말하지 않는다.

　　성매매와 포르노그래피는 인류 역사와 문화 안에 늘 들러붙어 있었다. 약 2500년 전 고대 그리스에서는 이미 최초의 공식 유곽이 존재했다. 당연히 이와 같은 노동은 줄곧 멸시당했다. 중세 시대에 성매매는 종교적으로 엄히 금했지만, 불법은 아니었다. 19세기 대도시에서는 '대가를 받고 하는 섹스'라는 자본주의 원리가 통용되었다. 산업 혁명을 통해 많은 사람이 일자리를 찾으러 도시로 유입되어, 새로운 소비 시장과 유흥가가 생겨났다. 새로운 점은 성매매가 공개적으로, 예를 들어 댄스홀, 바리에테 극장(노래, 곡예, 춤 등을 속도감 있게 바꿔 가며 상연하는 극장) 그리고 길거리에서 가능해졌다는 것이다.

　　어떤 이는 성매매가 에로틱한 서비스 업종으로, 댄스나 연극보다 좋지 않게 인식되어서는 안 된다고 주장한다. 하지만 현실에서는 오늘날까지 누구에게나 추천할 만한 것으로 취급받지 못한다. 다른 이들은 범죄, 폭력 그리고 마약 사건이 성매매와 연관되어 발생하고, 모든 성 노동자가 자발적으로 직업을 선택하는 것은 아니라고 주장한다. 대부분의 성 노동자는 우연히 또는 강제로 성매매 세계에 발을 들여놓기도 한다. 20세기 들어 성매매를 금지하려는 시도가 많아졌다. 성 노동은 서비스업이라고 하지만, 사회적으로 배제되어 사생활에만 은밀하게 숨어있고, 우리 사회에서 섹스와 사랑이 동반하는 로맨틱한 사랑과 모순된다.

성매매는 인간을 사고팔 수 있다는 인상을 준다.

슈테피

루마 폰 페어팔

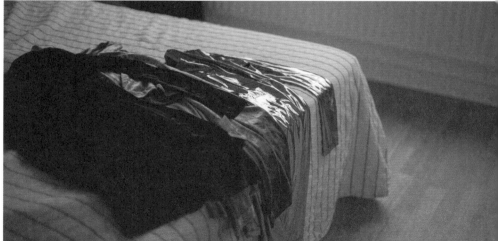

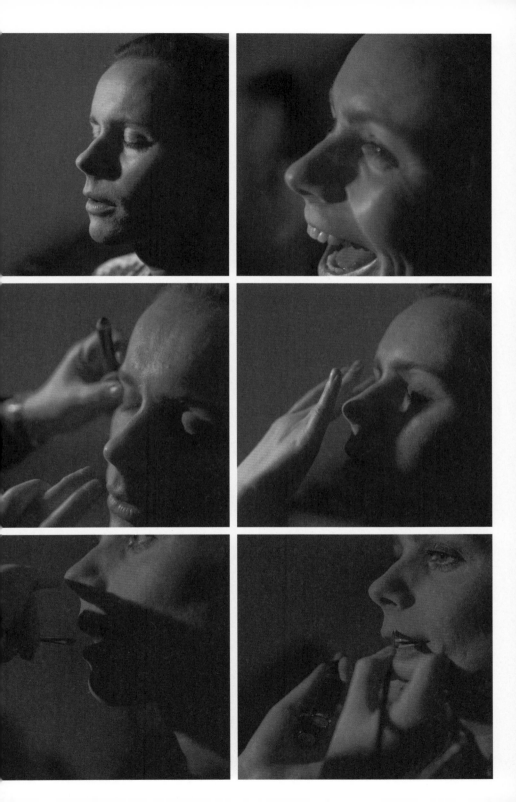

직업

나는 어디로 갈까?

당신이 하는 일이 곧 당신이다

세상에 태어나면서 자신이 감독관이 될 거라는 것을 아는 사람은 아무도 없다. 자신이 어떤 사람이 되고 싶은지를 알려면 우선 직업의 세계를 이해해야 한다. 우리 대부분은 주변에서 흔히 접할 수 있는 한정적인 직업군만 알고 있다. 예를 들면 의사, 은행원, 선생님, 수공업자, 인테리어 기술자, 보일러 기사 등이다. 부모님이 하는 일과 상황을 보고 간접적으로 알 수도 있다. 우리 부모님이 하는 일이 어떻게 보이는가? 부모님이 직업을 선택할 때 안정과 모험 중에 어떤 것을 선택한 것 같은가?

또 선택의 기준이 무엇이었나? 어쨌든 간에 부모는 자녀의 직업 선택을 돕기 위해 따로 공부를 시키는 등 직접적으로 관여할 수 있다. 이와는 반대로 자녀의 학업을 너무 우선시하지 않고 부담을 덜어 주어 격려할 수도 있다.

개인이 직업을 선택할 때 문화 트렌드와 발전이 지대한 영향을 끼칠 수 있다. 디지털화 과정에서 새로운 직업과 비즈니스 분야가 만들어지고 있다. 그 와중에 더 많은 IT 전문가가 필요해지고, 기본적인 디지털 능력과 지식은 마치 1990년대의 컴퓨터 지식처럼 오늘날 거의 모든 직업군에서 필수 조건으로 받아들여지고 있다. 디지털 분야가 급격하게 발달하기 때문에 단기간에 새로운 직업이 생겨난다. 그래서 직업 교육이나 전공 수업을 받기 전까지 듣도 보도 못한 일자리에 지원하는 일이 심심찮게 일어난다.

만약 누군가가 나에게 어떤 직종에 종사하고 있는지 묻는다면 어떻게 대답할까? 사실 직업은 자신이 누구이고 어떤 사람인지를 말

직업은 계속 변화하고 새롭게 태어난다.

해 준다. 사람들은 단순히 어떤 일을 하고 있다고 말하기보다는 현재 종사하고 있는 직업을 알려 주려 한다. 직업군이 매우 다양한 것처럼, 인간이 일을 하는 이유 역시 가지각색이다. 예를 들어 경력을 쌓기 위해, 좋은 것을 누리기 위해, 소속감을 갖기 위해, 가족을 부양하기 위해, 세계를 변화시키기 위해, 자아를 실현하기 위해 일을 한다. 여기에는 내적 동기와 외적 동기가 있다. 외적 동기가 주로 돈과 지위와 성공인 반면에, 내적 동기는 자아실현과 행복과 의미라 할 수 있다. 나의 직업을 타인이 어떻게 생각하는지가 내게 중요할까? 아니면 내가 하는 일이 스스로 의미 있다고 생각하는 것이 중요할까? 첫 번째 질문은 내 일에 대한 다른 사람들의 인정이 내게 얼마나 중요한지를 묻는 것이다. 두 번째는 무엇보다 내가 하고 있는 일의 의미와 목적을 얼마나 확신하고 있는지를 묻는 것이다. 두 개의 질문 모두 중요할 수도 있지만, 종종 하나가 다른 하나를 구석으로 몰아붙이기도 한다.

　　많은 사람이 변화와 개선을 위해 부단한 노력을 하고 있다. 그리고 자기가 하는 일이 다른 사람에게 유용하다는 말을, 세계에 영향을 주고 있다는 말을 듣고 싶어 한다. 이런 사람들에게는 단지 자기실현이 문제가 아니다. 오히려 그들은 자기실현을 넘어 자신이 하고 있는 일의 의미가 크고 대단하다는 것을 경험하고 싶어 한다. '의미가 크다'는 것은 대체 무슨 뜻일까? 일의 의미가 개인마다 다를 수 있는 걸까? 이를 알기 위해서는 다른 질문을 해야 할 것 같다. '나는 다른 사람들의 고통을 구체적으로 어떻게 덜어 주고 싶은가?' '나는 다른 사람을 어떻게 기쁘게 하고 싶은가?' 또는 '나는 다른 사람들의 어떤 문제를 해결해 줄 수 있을까?' 이런 질문에 대한 대답이 직업일 수 있다. 실제로 다른 사람을 기쁘게 하거나 고통의 짐을 덜어 주는 직업이 존재한다. 예를 들어 치과 의사와 간병인은 고통을 덜어 주는 직업군에 속한다. 이와 달리 메이크업 아티스트와 가수는 기쁨을 주는 사람들이다. 세무사와 외국어 강사는 세무 지식과 외국어에 대한 지식이 없는 사람들의 짐을 덜어 줄 수 있다. 빵 굽는 사람과 정원사 역시 다른 사람들에게 기쁨을 선사하는 사람들이다.

자신의 일이 다른 사람에게 유용하거나 도움이 된다는 사실을 알게 되면 의미와 보람을 느낄 수 있다. 일상생활에서 웨이터, 판매원 또는 미용사와 같은 수많은 서비스 업종은 고객에게 매우 유용하다. 그런데 많은 서비스업이 사회적 명망으로부터 다소 먼 거리에 있는 까닭은 무엇일까? 아마도 서비스업에서는 어떤 제품이 개발·생산되거나 새로운 것이 발명·발견되기보다는 단지 머리 모양이나 보험 같은 것이 판매될 뿐이라고 여기기 때문이다. 서비스업 종사자들은 고객을 설득해야 하는 사람들로, 시장과 다른 사람의 기호에 의존할 뿐만 아니라 누군가가 하고 싶지 않은 일들을 대신해 주는 사람들이라고 여기기 때문이다. 예를 들면 쓰레기 치우기, 창문 닦기 또는 정원 꾸미기 등이다. 그래서 서비스업은 사회적으로 별로 관심을 받지 못하고 평가도 제대로 받지 못하고 있다.

직업 선택은 자신이 좋아하고 자신에게 어울릴 거라는 판단에 따라, 직업에 대한 사회적 평가에 따라 달라질 수 있다. "넌 어떤 사람이 되고 싶니?" "너는 나중에 커서 무슨 일을 하고 싶니?"라는 질문을 왜 자주 할까? 사람들은 대체로 이 질문을 어리고 젊은 사람들을 평가하고

의미심장한 경험은
일을 하게 하는
중요한 원동력이다.

판단하는 데 자주 사용한다. 장래 희망이 한 개인의 능력과 목적 그리고 동경에 대해 뭔가를 알려 줄 뿐만 아니라, 어느 정도의 야망을 갖고 있고 사회에서 어떤 역할을 맡고 싶어 하는지도 알려 주기 때문이다.

직업은 사회적 지위를 알려 준다.

성별이 장래 희망을 결정할 수 있을까?

어렸을 때는 누구나 장래 희망이 있었을 것이다. 이 장래 희망을 일기에 적어 놓고 이에 대해 할아버지와 할머니에게 이야기했을지도 모른다. 나중에 커서 우주를 비행하는 상상의 나래를 펼쳤을 수도 있다. 8~12세 정도의 아이들과 함께 장래 희망에 대해 이야기를 나누다 보면, 아이들이 전통적인 성 역할에 얼마나 잘 맞춰져 있는지를 깨닫게 된다. 남자아이들은 흔히 축구 선수, 경찰관 또는 소방관이 되고 싶어 한다. 여자아이들의 장래 희망은 수의사, 선생님 같은 직업에 집중되어 있다. 물론 어렸을 때 가졌던 장래 희망은 나이가 들면서 변해 간다. 하지만 성 역할은 그대로 남아 있다.

100년 전만 하더라도 직업 선택은 현재보다 훨씬 더 제약이 많았다. 아버지가 작업장, 정육점, 수공업 공장을 운영했고 장사가 잘되고 있다면, 거의 대부분 아버지 밑으로 들어가 함께 일하다가 나중에 가업을 물려받았다. 물론 모두가 가업을 물려받거나 일자리를 보장받은 것은 아니었다. 농촌에서는 장남이 농가를 상속받는 게 일반적이었다. 귀족과 왕가에서도 마찬가지로 장남이 공식적인 계승자가 되어 토지나 성城을 유산으로 받았다. 장남 이외의 아들들은 생계를 위해 다른 가능성과 기회를 찾아 나서야 했다. 당시에는 거의 대부분이 자기 자신뿐만 아니라 부모와 형제자매를 위해 일을 하고 돈을 벌어야 했다.

어떤 직업에 종사할 것이냐 하는 문제는 오랫동안 출신과 성별 그리고 계급에 따라 결정되었다. 전통적으로 여성보다는 남성에게 거는 기대가 컸다. 유럽에서 가장 오래된 민주주의 사회인 약 2500년 전의 그리스 국가에서는 자유 시민만이 공직에 나갈 수 있었고 투표할 수 있었다. 노예와 여성은 이로부터 배제되었다. 그들은 자유 시민이 아니었다. 남성이 가족을 부양했고 여성은 살림과 아이의 양육을 책임졌다.

실제로 여성의 투표 참여와 학업과 직장 생활이 오랫동안 법적으로 허용되지 않았다. 독일에서도 1918년에 이르러서야 비로소 여성의 참정권이 보장되었다. 1962년까지 여성은 남편의 동의 없이는 은행에서 계좌를 열 수도 없었다. 여성이 직장을 다니고 싶다면 남편에게 허락을 받아야 했다. 1977년에 처음으로 이와 관련된 법률이 개정되었다. 2005년까지 독일에서는 여성 총리가 선출된 적이 없다. 그런데 현재 6~18세 사이의 독일 청소년들은 여성 총리가 당연하다고 생각한다.

성별은 오늘날 우리가 직장에서 경력을 쌓을 때도 영향을 끼치고 있는 듯하다. 예를 들어 성별은 자신의 능력 평가와 더불어, 누구를 리더 자리에 앉혀야 하는가에도 영향력을 발휘한다. 어떤 여성은 자신의 외모에 민감하게 반응하고 심지어 자신의 능력까지 저평가하여, 외모와 여성성에 자신감이 있는 여성보다 취업·승진 면접 일정을 더 자주 취소한다고 알려져 있다. 이런 경우가 매우 드물게 나타난다고 해도, 성별이

직업의 이미지와 사회적 역할은 기나긴 역사가 있다.

직업에 영향을 끼친다는 사실은 남녀 모두에게 해당한다.

나에게 맞는 직업을 어떻게 찾아낼 수 있을까?

　　직업에 종사하는 이유와 기대, 생각이 제각각 다르다고 해도 한 가지 사실은 분명하다. 가능하면 직업이 적성에 맞아야 한다는 것이다. 그러면 어떤 직업이 자신에게 맞는지를 어떻게 알 수 있을까? 이를 위해 가장 필요한 것은 또 무엇일까? 바로 자신의 재능에 대한 이해일 것이다. 일단 자신의 능력과 장점뿐만 아니라 자신에게 잘 어울릴 것 같은 것들을 종이에 적는 일부터 시작할 수 있다. 즉 재능을 보였고 점수가 잘 나왔던 학과목, 취미, 자긍심 그리고 자신을 돋보이게 할 수 있는 모든 것을 하나도 빼놓지 않고 목록을 만드는 일부터 시작한다. 당연히 단점도 기록해야 한다. 물론 자기 자신에 대해 균형 있고 일관된 상을 제대로 파악할 수가 없다. 그래서 자기 주변에 있는 사람들에게 자신의 장점과 단점이 무엇인지를 묻는 것도 도움이 된다. 설령 주변 사람들의 평가가 자신의 전부가 아닌 한 단면에만 국한된 것이라고 해도, 그들의 평가에서 뭔가를 배울 수 있을 것이다. 부모, 형제자매, 친구 그리고 선생님의 평가는 서로 겹치거나 다른 부분도 있겠지만, 자신이 어떤 재능을 갖고 있는지를 보여 줄 것이다.

　　자신이 무엇을 할 수 있는지를 알게 됐다면, 한 번쯤 자문해 보는 것이 좋다. '내가 할 수 있는 일이 정말로 하고 싶은 일일까?' 사실 대부분의 사람은 한 가지 일만이 아니라 여러 직업에도 어울릴 만한 장점과 재능을 많이 갖고 있다. 자신이 어떤 직업에 관심이 있는지를 모르거나 결정할 수 없는 경우에는, 우선 직업 대신에 일을 어떻게 하고 싶은지를 스스로 물어봐도 나쁘지 않을 것이다. 일의 종류와 내용만이 아니라 일의 방식도 자신에게 맞아야 한다. '일주일에 5일 또는 주말에 근무해도 괜찮은가?' '사람 만나는 것을 즐기는가, 아니면 혼자 일하는 것을 더 선호하나?'

이와 더불어 자신의 미래에 대해서도 생각해 보아야 한다. 어디에서 누구와 어떻게 살고 싶은지도 물어봐야 한다. '친구나 가족과 가까운 곳에서 살고 싶은가, 아니면 멀리 떨어져서 살고 싶은가?' '풀장이 딸린 그럴싸한 호텔이나 별장에서 휴가를 즐기고 싶은가, 아니면 캠핑장에서의 휴가로도 충분히 만족할 수 있을까?' '자녀를 갖기 원하나?' 언제나 그랬던 것처럼 이런 질문에 답을 해야 할 것이고, 어떤 질문을 우선순위에 둘지 결정해야 한다. 만족하는 삶과 직업에서의 성공이 항상 일치하는 것은 아니다. 그래서 직업에서 설정해 놓은 목표는 인생에서 바라는 소망, 관심, 욕구와 조화를 이루어야 한다.

대체 무엇을 위해 일하나?

유복한 집안에서 태어났거나 로또에서 수백억 원 당첨된 사람을 제외한 대부분의 사람은 당연히 자신의 생계를 위해 직업을 가져야 한다. 말하자면 자신의 생계를 스스로 책임지고 독립해야 한다. 독일에서는 16세까지 학교에서 수업을 받아야 하는 의무 교육이 법으로 규정되어 있지만, 반드시 일을 해야 한다는 법적 조항은 없다. 하지만 마치 강압 아닌 강압으로 꼭 일을 해야 할 것 같은 알 수 없는 분위기가 존재한

다. 이는 기대에 부응하지 못하는 사람들을 사회가
어떻게 대하는지를 살펴보면 분명해진다. 독일
에는 실업자를 위한 정부 기관이 있고, 장
기 실업자를 지원하기 위해 하르츠 IV 또는
실업 급여 프로그램이 실행되고 있다. 독일에서
이와 같은 사회 복지가 마련되어 있다는 것은 훌륭한
일이지만, 대부분은 이런 정부 지원에 신청하고 싶어 하지
않는다. 하르츠 IV와 실업 급여를 받는 것을 수치스럽고 체면이
서지 않는 일로 생각하기 때문이다. 이를 받으면 자신의 삶을 제어하
지 못하고 자기 자신도 책임을 못 지는 사회 부적격자라고 사람들이 수
군거릴 수 있기 때문이다. 하지만 개인의 무직과 실업을 떠안게 될 공동
체는 결국 늘어만 가는 빈곤과 사회적 의존을 염려하지 않을 수 없다.

일할 수 밖에 없는
강압 아닌 강압이 존재한다.

　　　　이런 불안을 해소하는 이상적인 생각은 모든 사람의 재정 독
립일 것이다. 이것은 모든 개인이 원칙적으로 자유롭고 자유로워야 한다
는 전제가 뒷받침되어야 한다. 개인의 자유에 대한 생각은 16세기 유럽
에서 탄생했다. 그 이후로 이 자유는 수 세기에 걸친 수많은 혁명, 전쟁,
사회 운동을 통해 사회, 정치, 법률 영역에서 점점 더 많은 것을 이뤄 냈
다. 20세기 들어 개인주의 사회가 발전했고, 개인의 자유가 사회적 이해
보다 더 중요해졌다. 오늘날 우리는 개인주의에 대해 말할 수 있다.

　　　　개인주의 안에 자리 잡은 독립은 마치 양날의 검과도 같다. 우
리는 개인의 독립을 위해 노동력을 팔아야 하고, 다른 한편으로 우리의
능력에 걸맞고 재미도 느끼는 일거리에 노동력을 팔 수 있는 자유도 있
어야 한다. 강압 아닌 강압이란 의미는 하고 싶은 일을 하면서도 돈도 벌

수 있어야 한다는 것이다. 이런 상황을 어떻게 바꿀 수 있을까? 대처 방안으로는 아무런 조건 없이 '기본 소득'을 도입하는 것이다. 모든 사람이 월세와 식료품, 생필품에 쓸 수 있을 정도의 기본 수입을 받는다면, 자신이 하고 싶고 자신에게 맞는 일을 할 수 있을 것이다.

완전한 독립을 이루는 사람은 아무도 없다.

좀 더 자세히 생각해 보면 개인의 독립이라는 이상은 모든 이에게 동일하게 적용될 수 없다는 것을 알게 된다. 우리는 각 개인이 자신을 돌보는 개인주의 사회에서 살고 있지만, 외부로부터 지원을 받아 생계를 유지하는 자립하지 못하는 수많은 사람도 우리 사회 안에 존재한다. 예를 들면 아이, 의무 교육을 받는 학생, 환자, 노인 등이 살고 있다. 모든 개인의 독립은 영원히 성취될 수 없는 이상임을 평범한 일상생활에서 깨닫게 된다. 이는 우리의 현실이 될 수 있다. 모든 이들이 때때로 환자가 될 수 있고 다른 사람의 지원을 받을 수 있기 때문이다.

가족과 일 중에 어느 것이 우선일까?

개인은 자신의 생존과 독립을 위해 일을 하지만, 가족에게는 무엇보다 자녀에 대한 재정 지원이 최우선이다. 부모는 책임지고 자녀의 생계를 돌보아야 한다. 자녀가 미성년자일 경우 법적인 부양 의무가 부모에게 있다. 독일에서 이 의무를 제대로 수행하지 않는 사람은 최악의 경우 자녀의 양육권을 박탈당할 수 있다.

가족을 꾸리기 전에 먼저 좋은 파트너를 찾아야 한다. 대체로 파트너는 직업을 갖고 있다. 자녀가 태어나면 둘 중 한 명은 아이를 돌봐야 한다. 한 사람이 전적으로 아이의 돌봄과 양육을 맡을 수 없다면, 둘 중 한 명 또는 두 명 모두 일을 줄여야 한다. 자녀를 돌보는 일을 다른 사람에게 맡기면 통상적으로 상당한 경비를 내야 한다. 이런 경제적인 이유로 급여를 적게 받는 파트너는 어쩔 수 없이 일을 그만두게 되고, 더군다나 사회와 단절된 채 집에만 머무를 수밖에 없는 상황으로 내몰린다. 단적으로 말하면 돈을 적게 버는 사람이 육아를 담당한다는 뜻이다. 그래서 가족 전체의 생계는 수입이 더 높은 파트너에게 의존하게 된다. 이 가족 모델에서 부부는 소득이 높은 파트너의 급여에서 세금을 덜 떼고, 소득이 적은 파트너에게는 다소 높은 세금이 부과되도록 결정할 수 있다. 이때 가족은 국가로부터 지원을 받는 셈이다. 세금 공제를 받아 이 가족에게 더 많은 돈이 돌아가기 때문이다. 물론 두 파트너 사이의 급여 차이는 불평등한 과세로 인해 추가로 더 벌어진다.

점점 더 많은 여성이 생업에 뛰어들고 있다. 그래서 누가 육아를 담당할 것인가 하는 문제는 전통적인 방법으로는 해결될 수 없다. 직업과 가족 모두 원하는 사람은 양자의 공존 가능성을 심사숙고해야 한다. 직장을 다니면서 경력을 쌓는 동시에 가정을 꾸리는 것이 일반적으로 가능한 일일까? 이 주제에 대한 의견은 당연히 여러 갈래로 나뉠 것이다. 더군다나 이 질문에 대한 일반적이고 이상적인 해답도 없다. 결국 직장 생활을 잘하고 싶은 욕구와 바람 그리고 자녀 계획의 유무, 양육 방식은 각기 다른 문제인 셈이다. 궁극적으로 개인이 서로 다른 두 가지를 조정하고 타협해야 한다. 직업과 가족이 양립할 수 없다고 목에 핏대를

육아는 경제적 불평등을 야기할 수 있다.

세우는 사람이 있는가 하면, 일과 육아가 동시에 가능하다고 확신하는 사람도 있다.

엄마, 아빠 그리고 자녀 한 명으로 구성된 핵가족 외에도 공동으로 꾸려진 또 다른 가족 모델이 있다. 바로 다세대 가족 또는 공동 주거(다양한 세대와 가족 형태가 한 건물, 특정 공간에 살면서 서로 도움을 주고받는 개념에서 나온 주거 형태로, 앞 장의 다세대 주거 참조)다. 여기서는 나이 많은 사람들이 젊은 부모의 아이 양육을 도와주고, 젊은 부모는 나이 많은 사람들이 하기 힘든 집안일을 도와준다. 결과적으로 서로의 노동 시간이 단축되는 셈이다. 노동 시간을 효율적으로 배분하기 위해, 직업과 가족 모두를 만족시키기 위해, 몇몇 부모들은 재택근무를 하기도 한다.

여러 가능성이 있지만, 젊은 부모들은 종종 과도한 짐을 짊어질 때가 있다. 직업에서 요구되는 목표와 가족의 계획이 만족할 만큼 일치할 때가 드물기 때문이다. 시골에서의 삶과 도시에서의 삶 간의 차이도 결코 간과될 수 없다. 도시에서 드는 생계 비용과 양육 비용은 시골보다 훨씬 더 높기 때문이다. 조부모가 시골에서 터를 이루고 사는 경우 조부모의 집 인근에 거주지를 마련한다면 더 많은 도움을 받을 수도 있다. 하지만 일자리가 시골보다는 도시에 더 많다는 것도 무시할 수 없는 점이다.

새로운 자유는 새로운 결단을 동반한다! 얼마 전까지만 해도 그 누구도 전통적인 남녀의 성 역할에 대해 이의를 제기하지 못했다. 그와 같은 결정은 사회가 정해 주었기 때문이다. 여성은 가족 안에서 살림과 자녀 양육을 담당했고, 남성은 가장과 부양자의 역할을 책임졌다. 남성들에게는 기본적으로 일을 해서 돈을 벌어 오는 역할을 기대했다. 오늘날에는 이러한 형식을 강요하지 않는다. 남성은 육아를 담당하기 위해 육아 휴직에 들어갈 권리가 있다. 여성은 남성과 마찬가지로 일을 하고 경력을 쌓을 수 있는 권리가 있다. 그런데도 법은 이러한 사회적 역할을 충분히 보장하지 않는다. 그래서 각 개인과 공동체는 이 사회적 역할을 새롭게 협의해 나가야 한다.

사회적 역할은 새롭게 규정될 수 있다.

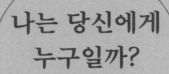

나는 당신에게 누구일까?

율리안 리츠코

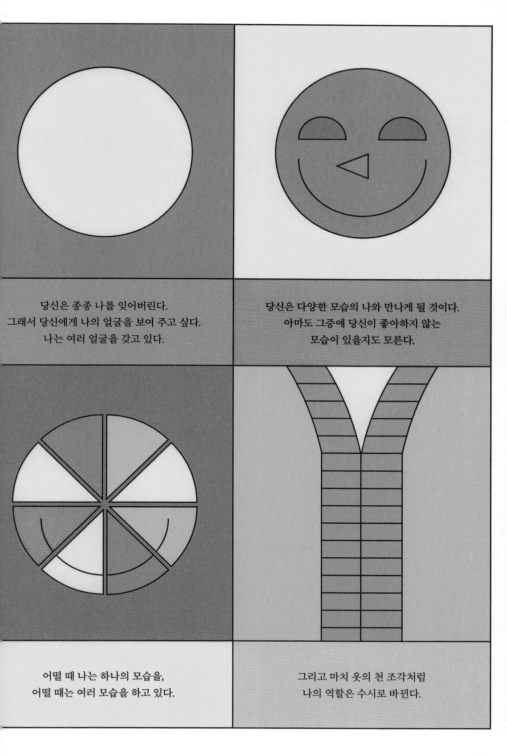

당신은 종종 나를 잊어버린다.
그래서 당신에게 나의 얼굴을 보여 주고 싶다.
나는 여러 얼굴을 갖고 있다.

당신은 다양한 모습의 나와 만나게 될 것이다.
아마도 그중에 당신이 좋아하지 않는
모습이 있을지도 모른다.

어떨 때 나는 하나의 모습을,
어떨 때는 여러 모습을 하고 있다.

그리고 마치 옷의 천 조각처럼
나의 역할은 수시로 바뀐다.

당신과 다른 사람을 기쁘게 하는 일이
자주 나를 지치게 한다.

가장 좋아하는 공간에 있으면 내 심신이 회복된다

당신은 내가 어디에 사는지 알고 있다.

또한 내가 어떻게 사는지도
당신은 알고 있다.

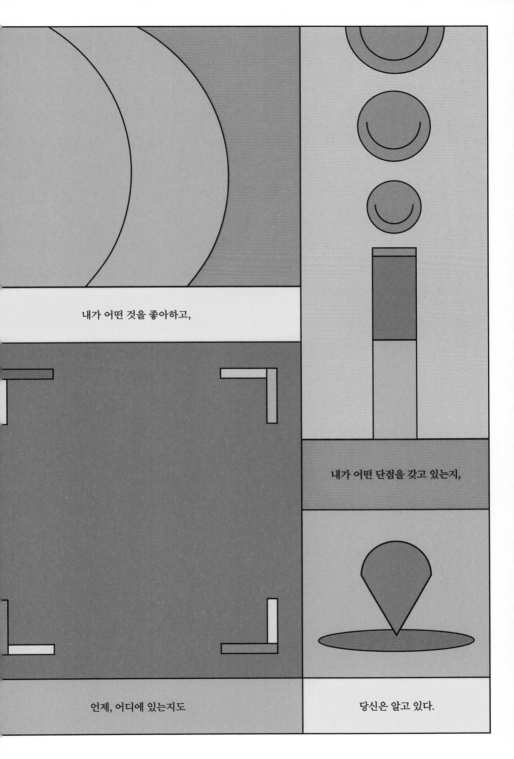

내가 어떤 것을 좋아하고,

내가 어떤 단점을 갖고 있는지,

언제, 어디에 있는지도

당신은 알고 있다.

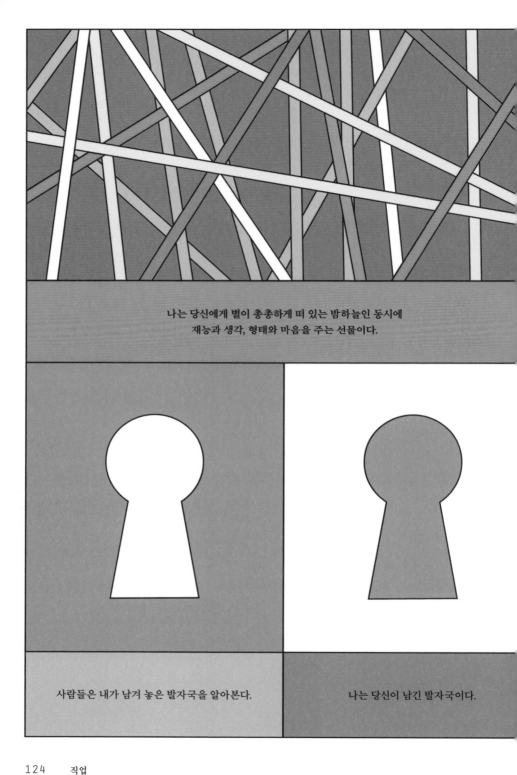

나는 당신에게 별이 총총하게 떠 있는 밤하늘인 동시에
재능과 생각, 형태와 마음을 주는 선물이다.

사람들은 내가 남겨 놓은 발자국을 알아본다.

나는 당신이 남긴 발자국이다.

당신은 이제 남자입니다

필리프 노이데르트

오늘은 내 열여덟 번째 생일이다. 그래서 우리 집 정원에 친구들과 지인들이 모였다. 그들은 한 손에는 맥주가 담긴 플라스틱 컵, 다른 한 손에는 담배를 들고 있다. 친형 빈센트는 테라스에 커다란 스피커를 설치하고 사전에 스포티파이에서 선별한 파티 음악을 들려주고 있다. 그가 선택한 곡에 손님들은 환호한다. 분위기가 한층 고조된다. 나는 파티가 무르익을 무렵에 참석한 이들에게 고마움을 표하고자 가능하면 많은 이들을 만나고 다녔다. 파티에서 소외되고 있다고 느끼는 사람이 없기를 바라는 마음으로 30분 동안 열심히 찾아다녔다. 나는 손님들과 포옹했고 그들에게 미소를 보였고 술과 무료 주유권으로 감사를 표했다. 효과가 좋다. 어느덧 테라스 위에 올라 파티 전경을 내려다본다. 반쯤 감긴 눈으로 금발 곱슬머리의 소피에 시선이 멈춘다. 아마도 빈센트는 소피와 키스하기 위해 온갖 핑계를 대면서 그녀를 어딘가로 데려갔겠지만, 언제나 그렇듯 또다시 실패했을 것이다. 소피는 형에게 바라는 게 아무것도 없다. 그래서일까? 나는 아무런 걱정도 들지 않는다. 별 이유도 없이 그저 하늘을 쳐다본다. 구름이 약간 끼었지만, 비가 올 것 같지는 않다.

소피가 테라스로 나온다. 가슴이 깊게 파인 검은색의 톱을 입은 그녀는 여러 맥주를 섞어 마신 것 같다. 나와 마주친다.

"파티가 맘에 들어?" 그녀가 묻는다.

"좋아." 나는 대답하고 담배를 입에 문다. 담배 피우는 나의 모습이 좀 거만하게 보였는지, 그녀의 표정이 조금 일그러진다. 대화 중간에 테크노 음악이 끼어든다. 나는 다른 음악을 틀어 달라고 말했어야 했나 생각한다.

"비가 조금 내릴 것 같은데." 분위기를 바꾸려고 말을 돌린다.

소피는 잠시 하늘을 쳐다보고 나서 머리를 흔든다. "내 생각에는 하늘이 다시 갤 것 같아."

나는 어깨를 으쓱거린다. "네 말이 맞겠지."

"그러면 착한 애야, 어디 한번 웃어 봐."

지난 한 해 동안 부모님은 소피에게 나의 과외 수업을 맡기셨다. 나는 그녀에게 수학과 라틴어를 배웠다. 착한 아이는 우리 사이에서만 통하는 개그 코드다. 소피가 우리 집에 처음 방문했을 때 어머니와 함께 정원에서 만났다. 지금처럼 여름이었고 따가운 햇볕이 내리쬐고 있었고, 테이블 위에는 비스킷과 레모네이드가 놓여 있었다. 어머니는 "내 아들이지만 착한 애예요" 하고 웃으시면서 집 안으로 들어가셨다. 소피와 나는 서로를 쳐다보며 웃지 않을 수 없었다. 과외 시간은 오후였고 그녀를 만날 생각에 들뜨기 시작했다. 우리는 일주일에 두세 번 만났다.

그녀는 대학 진학 때문에 작년에 뮌헨으로 이사했다.

"너와 함께했던 오후 시간이 그리울 것 같아." 내가 말한다.

"나도 마찬가지야."

그녀는 눈도 깜빡이지 않은 채 나를 응시한다. 나도 눈싸움을 시작한다. 우리는 이미 여러 번 눈싸움을 했다. 내가 좀 취했기 때문에 보통 때보다 좀 더 오래 버텼다. 하지만 늘 그랬듯이 소피가 이겼다.

"학업은 괜찮아?" 내가 묻는다.

그녀는 담배 피우는 나를 흉내 내며 말한다. "좋아."

나는 그녀에게 담배 한 개비를 권한다. 놀랍게도 그녀가 받는다. "뮌헨에 대해 내가 말할 수 있는 것은 친절하다는 것뿐. 나는 종종 여기가 그리워. 너는 졸업하면 뭘 할 거야?"

"빈센트 형도 내게 똑같이 물었어. 형에게 이미 똑같이 대답했어. 잘 모르겠다고."

그때 형은 아무 말도 하지 않고 단지 머리를 여러 번 흔들었다. 잠시 침묵이 있었던 것 같다. 그러고 나서 형은 검고 두꺼운 안경테 너머로 의미심장하게 쳐다보았다. "넌 곧 결정해야 할 거야. 너는 이제 남자니까."

그런데 형의 말에 기분이 좋지 않았다.

"아, 알았어. 알았으니까 그만해." 내가 말했다. "나도 알고, 모든 사람도 알고 있어. 그러니까 이제 좀 그만 좀 해. 내가 미칠 것 같아."

형이 싱겁게 웃었다. 형은 2년 전부터 뮌헨의 경제경영학 대학을 다니고 있다. 형의 자부심은 대단하다. "넌 여자와 자 본 적 있어?"

"형, 철 좀 들어." 이렇게 말하며 자러 갔었다. 아마도 마지막 말이 꿈에 나왔던 것 같다.

"파티를 끝내기에는 아직 이르지." 소피의 말에 기분이 나아진다.

"맞아, 나도 그렇게 생각해."

"헤이, 오늘의 주인공!" 어디서 갑자기 나타난 형이 근육이라곤 찾아볼 수 없는 야윈 한쪽 팔을 내 어깨 위에 올린다. 나는 하마터면 손에서 담배를 떨어뜨릴 뻔했다. 형은 다른 손에 들고 있던 보드카 술잔을 내게 내민다.

"소피! 한참 찾아다녔잖아."

그녀는 담배를 끄면서 말한다. "우리가 다시 볼 이유는 없는 것 같은데."

형은 그녀의 대답을 무시하고 차고 뒤에서 객기 부린 이야기를 꺼낸다. 그는 깔때기에 맥주를 부어 깔때기와 연결된 호스에 입을 대고 맥주를 흡입했다고 한다. "나는 이미 세 번이나 부어 마셨어." 그는 실실대며 말한다. "넌 한 번 더 마셔야 해. 그리고 소피, 너에게 보여 줄 게 있어!"

"난 지금 보모처럼 파티 주인공을 돌보는 중이야." 그녀가 냉담하게 대답한다.

난 마침내 형의 손에서 술잔을 빼앗아 보통 때보다 더 많이 목구멍 안으로 들이부었다.

"아주 좋아." 형이 소리치면서 나를 툭 쳤다. "그래, 그렇게 마시란 말이야. 아주 죽이는 날이지, 안 그래?"

"맞아." 내가 말한다.

"정말 죽이는 날이지." 형이 말한다. 형은 여러 번 고개를 숙이고 나서 나와 소피를 번갈아 본다. 소피가 시선을 돌릴 때까지.

나는 보드카 한 모금을 더 마신다. 폭죽 하나가 하늘로 솟아오른다. 난 바로 토르벤이 한 짓임을 안다. 형은 날 팽개치고는 폭죽을 쏜 놈을 찾아다닌다.

마침내 날이 어두워지자(독일은 위도가 높고 서머 타임도 있어 여름에는 밤 열 시경에 어두워지기 시작한다) 우리는 나머지 폭죽을 터트린다. 밤 열한 시경에 음악 소리를 줄인다. 열두 시쯤에 나는 잠에 곯아떨어질 것 같았지만 정신을 차린다. 한 시경에 마지막 손님들이 떠난다.

소피는 집 안으로 걸어 들어간다. 아마 가방을 가지러 가는 것 같다. 난 테라스에 계속 앉아 있다. 형이 어디로 숨었는지 모르겠다. 소피가 되돌아온다. 그녀는 문에 기대어 서 있다. 거실의 불빛 때문에 그녀는 마치 검은 그림자처럼 보인다. "정리하는 거 도와줄까?"

나는 고개를 흔든다. "내일 아침에 치울 거야. 잠깐 앉을래?"

그녀는 주저한다. "빈센트는 어디 있어?"

"잠자러 간 것 같아."

그녀가 웃고 있는지 잘 보이지 않는다.

"잠깐 네 곁에 앉으라고?"

잠시 침묵이 흐른다. 그녀가 입을 다물고 있다. 난 마지막 담배에 불을 붙인다. 여전히 말이 없다. 난 아무 생각도 하지 않는다.

소피가 다가온다. "작별 인사 하기에 딱 좋은 시간이네."

나는 웃고 있지만, 웃음소리가 영 어색하다. "그래, 잘 가."

나는 일어선다. 우리는 작별 인사를 하며 서로 안는다.

"조심히 가."

"멀지 않아."

"내가 바래다 줄까?"

"아니 됐어."

나는 땅을 보면서 담배를 피운다.

"잘 가."

"잘 있어." 소피가 말하고 잔디밭을 지나 정원 문을 나선다. 나는 손을 흔든다. 너무 어두워서 그녀가 날 보았는지 확실치 않다.

함께 살기

우리는
세계를 변화시킬 수
있을까?

누가 개념의 의미를 결정하는가?

당신에게 이름은 어떤 의미가 있을까? 당신은 이름이 마음에 드는가? 이름은 문화적, 지역적 뿌리가 어디인지를 밝혀 줄 뿐만 아니라 부모와의 연관성도 보여 준다. 이름으로 신원을 확인할 수 있으며 자신의 정체성에도 중요하다. 이름이 자신의 성별과 어울리지 않는 사람들에게는 이름을 부르는 소리가 고통스러울 수도 있고, 심지어 이름을 경멸할 수도 있다. "내 이름이 진짜 싫어!"

어떤 이는 이름이 서류에 나와 있는 게 전부이지 그 이상도 그 이하도 아니라고 말할 수도 있다. 물론 남들이 자신의 이름을 계속 불러 주고 필요할 때마다 서류에 이름을 기입하고 남들에게 알려 주면서 살고 있다. 이처럼 익숙하고 단순한 상황 외에도 이름이 중요할 때가 있다. 특히 좁은 취업의 문을 통과할 때 이름이 결정적일 수도 있다. 통계에서 보듯이 독일에서는 마이어, 슈미트, 베커라는 이름이 다른 이름들보다 최종 면접에 더 자주 오른다. 그러나 모국을 떠나 다른 나라에 정착한 이주민들이 흔한 이름을 사용하면 매우 당황스러운 일을 겪을 수도 있다. 상대방이 그의 이름과 외모를 연관 지을 수 없기 때문이다. 자신의 이름이 불릴 때에는 자신과 이름이 얼마나 일치하는지, 그리고 타인에게 자신의 이름이 어떤 의미가 있는지가 중요하다.

'힘'이란 좋은 걸까, 나쁜 걸까? 이 질문의 대답은 힘으로 무엇을 말하려고 하는지, 어떤 맥락에서 힘이란 단어를 사용하는지에 따라 달라질 것이다. 누군가가 힘을 너무 많이 소유할 때 또는 힘이 남용될 때

이름은 영향력이 있다.

에는 부정적인 의미가 더해질 수 있다. 이와는 반대로 힘은 추구할 만한 가치가 있고 매력을 상승시키는 것으로 보일 수 있다. 이처럼 단어의 의미가 언제나 명확한 것도 아니고, 하나로 통일되지도 않는다. 예를 들어 '고향'이라는 단어가 가리키는 것은 무엇일까? 어떤 경험과 감정, 생각이 개념 안으로 유입되어 단어의 의미를 변화시키는 걸까? 또한 같은 일에 여러 단어가 사용될 수도 있다. 예를 들어 낙태와 임신 중절은 겉으로 보기에 같은 사건처럼 보이지만, 개념을 동반하는 도덕적 평가가 각기 다르게 내려진다.

여기서 분명한 것이 있다. 거울이 사물을 반사하는 것처럼 언어가 세계를 묘사하는 게 아니라, 오히려 현실을 구성한다는 것이다. 단어는 상품에 붙어 있는 라벨 같은 것이 아니다. 또한 단어와 의미 간의 관계가 우연히 만들어지는 것도 아니다. 모든 사람이 자기가 원하는 대로 사물과 생각을 표현한다면 의사소통이 불가능해진다. 그래서 개인이 아닌 사회가 단어 하나에 어떤 의미(들)를 부여할지를 결정한다.

과자 이름을 꼭 '니그로키스'(소프트 머랭을 초콜릿으로 코팅한 독일 과자. 직역하면 '검은 키스'라는 의미)라고 지었어야 할까? '실업 급여를 받다hartzen'라는 동사는 빈둥빈둥 놀면서 국가로부터 돈을 받고 사는 사람을 빗대는 낱말일까? 말해도 되는 것과 말하지 않아야 할 것을 누가 정하는 것일까? 철학자 프리드리히 니체가 말한 것처럼, 언어의 명명은 권력의 표현이다. 어떤 사건을 어떻게 명명할지를 규정하는 사람이 그 사건에 대한 평가까지 결정할 수 있기 때문이다. 이 권력을 가진 사람은 사실과 사건을 해석하는 권한을 다른 곳에서도 마음대로 휘두른다. 그래서 사회에서는 이러한 권한을 차지하려는 싸움이 끊임없이 벌어지고 있다.

이런 싸움은 특히 정치 영역에서 많이 일어난다. 정치적 관념과 법률은 언어를 통해서 표현되고 설명되기 때문이다. 정치적 관념과 법률이 언어로 협상되고 정당화되고 조정되고 합법화되고 비판되고 비난받기 때문이다. 사회의 여러 그룹은 툭하면 특정 사태와 특정 문제의 명칭을 무엇으로 정하고 어떻게 해석할지를 놓고 싸운다. 동시에 각 그룹은 이 사태와 문제에 대한 견해를 제각각 표출하면서 자신이 주장하는 명칭을 관철하기 위해 갖은 애를 쓴다.

이런 이유로 어떤 사태나 문제에 대해 '사실에 입각한,' '객관적인,' '정확한' 또는 '적합한' 명칭이 무엇인지를 두고 벌이는 싸움이 자주 공공연하게 일어난다. 어느 것이 적합한 명칭인지를 두고 벌이는 이런 분쟁은 여러 개념이 사용됨으로써 또는 같은 개념이 여러 의미와 연관됨으로써 종종 간접적으로 해결되기도 한다. 이미 정해진 명칭을 놓고도 정확한 명칭이냐, 잘못된 명칭이냐를 따지는 논쟁이 치열하게 벌어진다. 언어 사용에 있어 새롭게 도입되는 각각의 개념은 처음에는 임시로 사용되다가, 나중에 독일어 사전 두덴[8]에 공식적으로 등재된다. 당연히 등재되기까지 상당한 시간이 걸린다. 물론 새로 도입된 개념과 명칭이 공식적으로 받아들여지지 않은 채 그냥 사라지는 일도 빈번하게 일어난다.

이처럼 공식적인 언어 규정에 대해 갑론을박하는 사람은 사회 질서를 두고도 싸운다. 예를 들어 그런 사람은 남녀평등이 어떻게 이해되고 평가되어야 하는지를 놓고 논쟁한다. 독일 헌법에서 평등은 우선 다음과 같이 법제화되어 있다. "남성과 여성은 동등한 권리를 갖고 있다.

언어에는 사회 질서가 반영되어 있다.

국가는 남녀평등의 실제적 구현을 촉진하고 현존하는 불이익 제거에 일조해야 한다." 독일 정부는 남녀평등을 인정하고 이를 가능한 범위 내에서 관철해야 할 의무와 책임이 있다. 이를 위한 전략으로는 성 주류화[9]가 있다. 이 성 주류화는 정치 분야뿐만 아니라 다양한 조직과 기관에서 행해지는 모든 정책이 남녀평등을 기반으로 실행되어야 한다는 의미다. 그래서 모든 국가 정책이 모두가 추구하는 평등권과 일치되는지를 검증받아야 한다. 또한 이 정책들이 남녀에 직접적으로 미치는 영향과 그들의 생활 기반에 끼치는 영향도 함께 고려되어야 한다. 이와 더불어 대학과 같은 공공 기관에는 성 평등 전략이 조속히 실행되어야 한다고 촉구할 필요가 있다. 이처럼 법적으로 명백하게 규정되어 있는데도, 평등이란 주제는 여전히 격렬하게 논쟁 중이다. 젠더, 성 주류화 그리고 젠더학이란 단어들은 이미 사회에서 격렬한 논쟁의 중심에 있다. 어떤 사람들은 학문적, 정치적 측면에서 평등과 진보가 불가피하다는 것을 인식한다. 이와 반대로 어떤 사람들은 이 논쟁에서 의미라곤 눈곱만큼도 발견하지 못한다. 그들 중 몇몇은 삶의 문제에 대한 젠더 논쟁을 대수롭지 않게 여긴다.

　　　사회에서 이런 식의 논쟁은 그리 새로운 것도 특별한 것도 아니다. '낙태'와 '니그로키스'와 같은 낱말을 두고 싸움이 공공연하게 일어나고 있다. 낙태 반대론자들은 '낙태'라는 단어를 사용한다. 그들은 인간의 생명이 살해되고 있다는 것을 강조하고 싶기 때문이다. 이에 반해 낙태 옹호론자들은 '임신 중절'을 선호한다. 왜냐하면 그들은 몸에 대한 자기 결정권을 중요하게 여기기 때문이다. 이 낙태 옹호론자들은 낙태라는 단어

개념은 언어 사용에 도입되었다가 다시 소멸할 수 있다.

에 살인과 살해라는 뉘앙스가 혼재되어 있다는 이유로 이 개념을 단호하게 거부한다. 반면에 낙태 반대론자들은 임신 중절이라는 표현이 생명을 경시하는 명칭이라고 비난한다. 동시에 이 명칭에는 여성이 한 번 중단된 임신을 다음번에도 아무런 문제 없이 계속 이어 갈 수 있다는 암시가 있다고 염려한다. 여기서 명칭을 두고 벌이는 논쟁은 임신을 중지하는 수술을 도덕적으로 어떻게 평가할 것인가를 두고 벌이는 싸움이다. 결국에는 '임신 중단'이라는 개념이 인정받고 있다.

사회적 배제는 어떻게 작동하는가?

누군가를 '바보'라고 지칭한다면 어떻게 될까? 모르긴 몰라도 그것은 그를 비방하고 모욕하는 일이다. 이처럼 우리는 여러 단어를 동원해 무언가를 말하고 또 어떤 행동을 한다. 우리는 시시덕거리고 희롱하고 날뛰며 저주하기도 한다. 누군가를 지목하여 공격하고 상처를 입힐 수도 있다. 누군가가 외모, 출신 또는 성 정체성 때문에 불이익을 받는다면 이것은 차별이다. 따돌림이 대체로 소수의 사람에 국한된 것이라면, 사회 차별은 집단 전체가 연관된 공동체 차원의 문제다.

사회학자 어빙 고프먼은 1960년대에 이미 사회 차별에 관심이 있었다. 타인을 비정상적이라거나 이상하다고 평가하는 것은 낙인을 찍는 것이라고 그는 말한다. 고프먼에 따르면 낙인찍기는 세 가지로 나뉜다. 첫 번째는 신체적 특징으로 사람들을 낙인찍는 것

다른 사람에게 낙인을 찍는 자는 자신이 정상이라고 확신한다.

으로, 가령 뚱뚱한 사람, 신체장애인이 여기에 해당한다. 이는 사람들 몸에 직접적으로 낙인찍는 것과 다름없다. 두 번째 유형은 인격과 성격 결함에 초점을 맞춘다. 이 유형에는 정신 질환, 공황 장애, 중독, 자살 시도, 심지어는 실직도 포함된다. 세 번째 유형은 어느 그룹, 집단, 조직에 속해 있는지와 관련이 있다. 소속을 가름하는 기준이 국적과 출신일 수도 있고, 종교, 정당 또는 성별일 수도 있다. 낙인찍기에는 남들에게 낙인을 찍는 집단이 자신을 정상이라고 느끼는 심리가 작용한다고 한다. 이는 낙인찍히는 집단의 심리와는 상반된다. 낙인을 찍는 집단은 자신들에게 낙인찍힐 만한 결점이 없다고 생각하기 때문이다. 그래서 사회적 배제는 낙인찍기를 통해 생각보다 넓게 확산하는 듯하다.

사회적 배제는 낙인찍기에서 언급된 여러 '결점'들과 연관되어 있다. 결점이 있는 사람들은 성별, 피부색, 성적 성향, 직업, 몸무게 그리고 가난 때문에 차별을 받는다. 여성이고, 많이 배우지 못했고, 뚱뚱하고, 가난한 사람이 있다고 가정해 보자. 이 사람이 사회에서 불이익을 받고 배제되고 있다면, 분명 하나 이상의 유발 요소가 있어서, 즉 그 사람이 여러 결점이 있어서 차별을 받는 것이라고 한다. 이를 다중 차별이라 한다. 이 차별은 단지 불이익과 무시로만 끝나지 않는다. 더 안타까운 것은 그 누구도 차별받는 사람들을 대변하지 않는다는 점이다. 그래서 공공 영역, 특히 정치 영역에서 차별로 불이익을 받는 사람들이 전면에 자주 등장하지 못하는 것이다.

대학 교육을 마친 백인 여성들이 여성 운동을 이끌고 있다고 가정해 보자. 이 여성 운동에서 차별받고 있는 유색인 여성, 고등학교만

사회에서 배제된 사람들은 자주 눈에 띄지 않는다.

137

마친 백인 여성은 배제될 수도 있다. 배제되는 여성들이 당면한 문제는 여성 운동을 이끄는 백인 여성들의 문제와 다를 수도 있다. 단지 성별이 같다고 해서 사회적 관심이 같은 것은 아니다. 이것은 동성애 운동에도 적용될 수 있다. 특히 백인 동성애자가 사회적 지위가 매우 높은 최상층에 있을 경우, 그의 관심은 하위 계층의 다른 동성애자의 것과는 분명 다를 것이다. 그래서 특정 집단의 권리를 적극적으로 변호하는 모든 정치 운동에서 차별받는 사회 집단이 은폐되거나 무시당하는 경우를 흔하게 볼 수 있다.

언어로 사회를 변화시킬 수 있을까?

안드레아Andrea는 남자 이름일까, 여자 이름일까? 독일에서는 안드레아, 마리아Maria가 여자 이름이지만, 이탈리아에서는 일반적으로 남자 이름이다. 줄여서 부르는 미카Micha, 알렉스Alex는 중성적인 이름이다. 독일어 각 명사(형)에는 문법상의 성별이 있으나 이에 구애되지 않는 수많은 표현도 있다. 이를 알기 위해서는 독일'인'의 언어 사용 배경을 비판적으로 질문해야 한다. 독일'인'을 가리키는 명사 man의 성이 여성이 아닌 남성인 이유는 무엇일까? 대명사 'niemand'(아무도 … 않다), 'man'의 성이 어째서 여성이 아닌 남성일까? 'man,' 'niemand'와 마찬가지로 'jemand'(누군가)의 성도 문법 법칙에 따라 남성이다. 이렇듯 독일어에서 굳이 성별을 따질 필요가 없는 사람들을 지칭할 때 또는 남녀 모두의 사람들을 언급해야 할 때 일반적으로 남성 명사가 사용된다. 말하자면 특별히 성별을 구분할 필요가 없거나 성별이 크게 상관없는 사람들을 가리킬

때, 흔히 인간의 종을 나타내는 남성 명사가 등장한다. 하지만 독일어 문법상의 성은 생물학적 성과 혼동해서는 안 된다. 예를 들어 태양를 뜻하는 독일어 명사 Sonne의 성은 여성이지만, 태양의 생물학적 성이 여성이라고 말할 수는 없다.

문장에서 지시된 사람들의 성별을 굳이 밝힐 필요가 없는 경우에 사용할 수 있는 단어가 있다면 매우 유용할 것이다. 길거리에서 사람들에게 유명한 배우Schauspieler(남성 명사) 세 명만 추천해 달라고 하면, 남자 배우의 수가 여자 배우의 수보다 두 배 정도 많게 나온다. 이와 관련하여 언어학, 심리학 연구는 우리에게 언어의 영향이 얼마나 큰지를 증명했다. 예를 들어 대화의 주제가 정치가, 독자, 대학생이라고 한다면 머릿속에서는 대부분 남성 이미지가 떠오른다. 중성 명사 책을 읽는 사람 Lesende을 제시한다고 해도, 아마 눈앞에는 가상의 남성과 여성이 아른거릴 것이다. 각각 남성·여성 명사인 책을 읽는 남자Leser, 책을 읽는 여자Leserin를 제시했을 경우는 말할 것도 없다. 언어가 의식에 영향을 준다면, 언어를 통해 의식을 더 넓히고 더 많은 정의를 실현할 수 있지 않을까? 이게 아니라면 혹시 언어 변화가 사고와 행동에 그렇게 큰 영향력을 발휘하지 못하는 것은 아닐까? 어쨌든 간에 인간의 종을 나타내는 남성 명사가 얼마나 독일 사회에서 일반적인 기준으로 자리 잡고 있는지를 알고 싶다면, '빵 굽는 여자들Bäckerinnen,' '이웃 여자들Anwohnerinnen'과 같은 여성 명사의 사용 예시를 보면 바로 알 수 있다.[10]

과거에 형성된 남성 명사의 언어 규칙이 앞으로는 어떤 방향으로 흘러갈까? 지금까지는 이에 대한 합의가 없었다. '대학생Student'을 예로 들어 보자. 남성·여성 명사인 남자 대학생Student, 여자 대학생

Studentin을 대신해서 뭐라고 할 수 있을까? 중성 명사인 대학에서 공부하는 학생Studierende, 그리고 남녀 대학생 모두를 포괄하는 여러 합성어 StudentInnen, Student_innen, Student*innen[11] 등이 있다. 사람들이 무엇을 선호하든 간에, 사회가 끊임없이 특정 언어 규칙을 놓고 다투는 가운데 언어가 빠르게 변화한다는 것을 확인할 수 있다. 예를 들면 조산사(산모의 해산을 돕거나 임산부와 신생아를 돌보는 일을 하는 사람)로 일하는 남자들을 가리키는 '출산 간병인 Entbindungspfleger'이라는 용어가 생겼다. 조산사라고 하면 대개 여성만을 떠올리기 쉽기 때문이다.

지금까지 독일어에는 남녀를 포괄하는 적절한 단어가 없었다. 스웨덴에서는 인칭대명사 남성 'han,' 여성 'hon'과 더불어 중성적 의미의 'hen'이 새롭게 도입되었다. 이로써 자신을 남성 또는 여성으로 규정하고 싶지 않은 사람들이 언어적으로 배려를 받게 되었다. 나아가 성별을 모르거나 굳이 성별을 언급할 필요가 없다면, 성별을 따지지 않고 온전히 그 사람에 대해서 말할 수 있는 길도 열렸다.

새로운 언어 규정과 더불어 새로운 정체성이 사회에서 확실히 인정받기 위해서는 법적 근거가 필요하다. 예를 들어 또 다른 성 또는 제3의 성을 여권에 기입할 수 있는 길이 열려야 한다. 마치 2017년 독일연방최고재판소가 간성인과 함께 남성, 여성으로 분류될 수 없는 사람들을 위해 제3의 성을 인정한 것처럼 말이다. 사회가 제3의 성을 받아들이기 위해서는 사회가 합의한 공식적인 호칭이 필요하다. 이를 위해 일반적인 언어 사용을 바꾸거나 아니면 자신이 어떻게 불리고 싶은지를 찾는

단어의 문법적 성은 생각에 영향을 미친다.

게 낮지 않을까? 개인의 성 정체성을 보호하기 위해서는
기본적인 인권 보장이 관건이다. 말하자면 제3의 성
으로서 인간 존엄과 신체를 억지로 남성, 여성으
로 전환하지 않아도 되는 신체 보존의 권리,
그리고 개성을 자유롭게 펼칠 수 있는 권리 보
장이 중요하다.

우리는 얼마나 같고 얼마나 다른가?

사회에서 남녀평등을 놓고 티격태격하는 다툼으로 인해 중
요한 수많은 질문이 쏟아져 나오고 있다. 예를 들어 임금 문제에서 남성
과 여성이 동등한 권리를 갖고 있는지 그리고 남녀 모두 동일한 조건 아
래에서 동일 노동, 동일 임금이 적용되는지 등 여러 질문이 제기되고 있
다. 아이슬란드에서는 동일한 일자리, 동일 노동인데도 남녀의 보수가 다
를 경우, 형벌에 처할 수 있는 법안이 통과되었다. 우리 사회를 역사적 관
점에서 이해하려고 할 때 다음과 같이 질문할 수 있다. '지금까지 대부분
의 역사가는 남성이었다. 이러한 사실이 인류의 과거와 역사를 바라보는
우리의 관점에 영향을 주고 있는 것은 아닐까?' 실제로 우리 역사와 역
사의 롤 모델을 바라보는 관점이 종종 일방적이라는 생각이 든다. 많은
사람이 여러 왕과 황제에 대해서는 알고 있다. 하지만 불의에 맞서 싸웠
던 여전사들, 여성 저항 운동가들 역시 분명히 존재했다. 이전에도 알려
져 있지 않던 식물과 특이 종족 그리고 위험한 동물을 연구했던 수많은
여성 탐험가, 연구자, 과학자 들이 있었다.

역사는 남성적인 것과 여성적인 것이 서로 뒤바뀔 수 있다는 것을 보여 주기도 한다. 예를 들어 '옅은 빨간색'인 분홍색은 100년 전에는 남자아이가 선호하는 색이었다. 분홍색은 열정, 그리스의 사랑과 전쟁의 신(에로스)을 상징하던 색이었다. 이에 반해 당시에 파랑은 여성의 색이었지만, 세월이 흘러 바뀌었다. 오늘날 성별에 특화된 마케팅 전략에 따라 여자아이는 태어날 때부터 분홍색 제품에, 남자아이는 밝은 파란색 제품에 둘러싸여 있다.

남녀 성별의 차이는 검열을 통해서도 드러날 수 있다. 예를 들어 인스타그램과 페이스북에서는 유두 노출이 금지되어 있다. 물론 남녀 모두가 아니라 여성만 금지다. 이에 반해 남성의 유두가 보이는 사진은 허용되고 있다. 가슴 절제 수술 이후 흉터가 남아 있는 여성의 가슴 사진이나 수유하는 어머니의 유두 노출도 허용되고 있다. 어찌 되었건 두 기업은 여성의 유두 노출이 달갑지 않은 것 같다. 의견이 분분한 노출 금지 규정에 맞서 행동주의자들은 '무성의 젖꼭지Genderless Nipples'(여성의 육체만 규제 대상으로 보는 인스타그램 정책에 반대하여 시작된 운동)라는 프로그램으로 저항하고 있다. 그들은 유두가 노출된 사진만을 게시한다. 게시된 사진을 보면 남자의 것인지 여자의 것인지를 명확하게 구분할 수 없다. 어쨌든 간에 이런 행동은 어떻게 하면 사회적 범주와 명확한 표식으로부터 벗어날 수 있는지를 보여 준다.

미국 가수 마일리 사이러스가 자신의 성 정체성을 공개적으로 중성 또는 젠더 플루이드genderfluid(어느 쪽으로도 성별을 확정하지 않아 유동적인 성 정체성을 가진 젠더를 의미한다)라고 밝힌 일은 단지 연예인으로서 유행

자의적인
신체 노출 정도 역시
검열로 결정된다.

을 좇는 행위라기보다는 그 이상의 것을 담고 있다. 이는 개인이 성에 어떻게 접근할 수 있는지를 보여 준다. 자기 감정에 충실하고, 사회적이고 생물학적 카테고리를 무조건 따라갈 필요가 없다는 것을 보여 주는 것이다. 예를 들어 젠더 플루이드 성향의 사람은 자신을 단 하나의 성으로 규정하고 싶지 않을 뿐만 아니라, 이런 자신이 지극히 정상이라고 생각한다. 어떤 사람들은 자신의 성 정체성을 중성이라고 말하기도 한다. 어느 성에도 속하고 싶지 않기 때문에 자신의 성을 확실히 규정하지 않는다. 예를 들면 성 정체성이 중성인지, 논 바이너리Non-binary(남녀의 성을 두 종류로만 분류하는 차원에서 벗어난 성적 정체성이나 이를 지향하는 사람들을 가리킨다)인지 또는 퀴어인지를 결정하지 않는다. 이를 통해 성별과 관련해 남녀라는 두 가지 관점만이 아니라 그 이상의 다양한 관점이 있다는 것을 보여 준다. 이와 더불어 성 정체성은 우리 정체성 전체가 아니라 한 단면 또는 일부분에 불과하다는 사실도 보여 준다.

　　　우리가 남녀 간의 구별을 그토록 신경 쓰는 이유는 무엇일까? 우리 사회는 남녀 간의 차이 또는 남녀평등을 강조하고 싶어서 그토록 신경을 쓰는 것일까? 초기 여성 운동이 이미 이런 질문을 제기했다. 그 이후로 서로 다른 두 그룹으로 나뉘었다. 첫 번째 그룹은 여성이 근본적으로 다름을 강조한 차이 페미니즘이다. 두 번째 그룹은 남녀가 근본적으로 같다는 의견을 갖는 평등 페미니즘이다. 20세기 가장 중요한 평등 페미니스트 가운데 한 명이 바로 프랑스 철학자이자 작가인 시몬 드 보부아르[12]다. 보부아르에 따르면, 여자는 처음부터 여자로 태어나지 않고, 여성을 여성으로 만드는 것은 다름 아닌 사회적이고 문화적인 과정이다. 이에 대해 그녀는 유명한 말을 남겼다. "처음부터 여자로 태어나는 게 아니다. 여자로 만들어질 뿐이다."

시몬 드 보부아르는 자식과 부엌에만 매달리는 삶을 의식적으로 거부하기로 결정했다. 그녀가 보기에 모든 인간은 자유로운 존재인 동시에 자신이 받아들인 사회 역할에도 책임을 질 줄 아는 존재다. 그녀는 지배적인 관습과 역할 모델에 지배당하지 않기 위해서는 용기가 가장 중요하다고 생각했다. 사람의 행동 양식은 외부의 강압에 의해서만 결정되는 게 아니기 때문이다. 모든 사람은 일정한 특징과 행동 양식을 습득하고 나서 자신의 사회적 역할을 실행한다. 이를 오늘날에는 '두잉 젠더 Doing Gender'(사회적 기준과 평가에 맞추는 젠더 행동)라고 한다. 모든 사람이 자기 나름의 행동을 함으로써 사회가 요구하는 전형적인 성 역할을 수행하기 때문이다. 따라서 성 역할에 충실한 전형적인 행동은 단순히 선천적인 것이 아니라 인위적으로 만들어지고 교화된 결과다. 사회적인 행동 양식을 적극적으로 습득한다고 해도, 사회가 기대하는 성 역할을 위반하는 일이 종종 일어난다. 그래서인지 몰라도 모든 사람은 자신이 받아들인 사회적 역할에 대해 그 배경을 묻지 않을 수 없다. 보부아르가 보기에는, 이런 인식이 인간의 자유를 향해 내딛는 첫걸음이다.

페미니즘에 나타나는 공통된 기본 사상은 '남녀가 사회적, 정치적 그리고 경제적으로 평등하다는 신념'이다. 그래서 여성 운동은 여성에게만 국한된 활동이 아니다. 예를 들어 UN에서 활동하고 있는 여성들은 여성 권리와 남녀평등을 위해 남성들에게 '히포시HeForShe'(남성들의 관심과 참여를 촉구하기 위해 2014년 7월에 시작한 남녀평등 연대 운동) 캠페인에 동참하라고 독려한다. 여성이 남성과 같은 기회를 갖는다면 남녀 모두에게 유익하기 때문이다. 평등권이 보장된 사회에서는 그 누구도 자신의 성별 때문에 특정 의무에 구속되지 않는다. 모든 사람은 자유롭게 자기 나름의 역할을 하며 살 수 있다. 그래서 남녀평등은 이 세계에 살고 있는 모든 사람이 가진 권리다.

사회적 역할은 습관의 문제다!

우리는 흔히 영화와 드라마에서, 문학과 극장에서 등장하는 역할에 빠져들고 몰입한다. 이는 매우 익숙한 일이다. 픽션에서 우리는 등장인물의 눈으로 세계를 바라본다. 그때마다 등장인물의 역할에 빠져들어 일상생활에서 느끼는 사회적 규범을 종종 넘어서는 경험을 하기도 한다. 이야기와 드라마 시리즈에서 우리는 다른 역할을 즐기면서 우리 정체성의 한계에 대해 의문을 가질 수밖에 없다. '어째서 실생활에서 다른 역할로 사는 게 어렵지?' 그 이유가 사회적 규범과 역할 때문이라면 비판받아 마땅하다. 사회적 규범과 역할이 모든 사람에게 똑같이 적용될 필요도 없다.

우리가 세계를 매번 남녀의 것으로 나눈다면, 이러한 구분이 우리 자신과 타인에게 얼마나 의미가 있는지를 스스로 물어봐야 할 것 같다. 그래야 이 구분이 문화적으로 만들어졌고 모든 사람에게 같게 적용될 필요도 없다는 것을 머릿속에 떠올릴 수 있다. 인간의 자유는 여성과 남성 그리고 다른 성별, 다른 성적 성향의 사람들이 어떤 이유가 있든 간에 모든 것을 성취할 수 있느냐 없느냐에 따라 가늠될 수 있다. 나이 많은 남자가 젊은 여성과 사귄다고 해도, 대부분의 사람에게 그리고 사회적으로 별문제 없이 받아들여질 수 있다. 이와는 반대로 젊은 남자가 나이 든 여성을 사랑한다면, 이는 사회가 정한 이상적인 남성성을 위반한 것일 수도 있다. 사회는 이들의 사랑을 이해하지 않고 오히려 비난의 화살을 돌릴 것이다. 프랑스 대통령 마크롱 부부를 보면 알 수 있다. 브리지트 마크롱은 남편보다 약 스무 살 연상이다. 이를 두고 프랑스 사회에서는 이런저런 말들이 난무했고, 심지어 스캔들로까지 번졌다. 반면에 미국 전 대통령 트럼프 부부 역시 나이 차가 크게 나지만, 이에 대해서는 거의 문제 삼지 않거나 이야기 주제로도 거론되지 않았다.

모든 규범의 근거에 대해 의문을 품다.

　　스코틀랜드에서 남자가 치마인 킬트를 입는 것은 지극히 정상이다. 독일에서도 남자가 바지 대신 치마를 입을 수는 있지만, 스코틀랜드에서보다는 일반적이지 않고 매력적으로 보일 것 같지도 않다. 그리고 무대에서 다른 성별의 의상을 입는 예술 형식이 존재한다. 트라베스티 예술Travestie-Kunst(문학 내용을 그대로 두고 형식을 희화화한 예술)에서는 남자 배우가 무대 위에서 여장을 하고 여자 배우가 남장을 한다. 무대에서만이 아니라, 일상에서도 유행을 좇아서든 변장하고픈 마음에서든 여러 이유로 다른 성별의 차림을 하는 것을 의상 도착증이라고 불렀다. 1970년대 이후 이를 (보다 온건한 표현으로) 크로스드레싱cross-dressing으로 바꿔 불렀다. 다른 성별의 의상을 입는 행위는 성적 지향과 그다지 관련이 없다.

　　인간은 일상생활의 규범을 넘어선 코스튬 플레이와 역할 놀이를 하고픈 욕구가 있다. 예를 들어 아이들은 카우보이-인디언 놀이를 할 때 성별과 상관없이 코스튬 플레이를 한다. 카니발 축제에서도 남자가 여자의 옷을, 여자가 남자의 옷을 입는다고 해서 이상하게 생각하거나 놀라는 사람은 아무도 없다. 코스튬 플레이에서 사람들은 애니메이션, 만화, 영화 또는 비디오 게임에 등장하는 인물들을 따라 한다. 이때 중요한 것은 코스튬 플레이와 행위를 통해 등장인물의 역할을 똑같이 표현해 내는 일이다. 코스튬 플레이는 1990년대에 일본에서 시작하여 유럽과 미국으로 확산되었고, 그 와중에 세계적으로 다수의 코스플레이 커뮤니티가 만들어져 정기적인 모임을 갖기도 한다.

인간은 한번 배워서 좋다고 생각하는 것을 여간해서는 바꾸지 않는 동물이다. 인간은 습관의 노예다. 그래서인지 몰라도 '정상적'이라고 여기는 모든 관념은 사회가 고수하는 한 오랫동안 지속된다. 일상생활에는 규범성을 강요하는 무언의 압박이 존재한다. 하지만 우리는 성장하면서 자신의 최고로 멋진 모습과 훌륭한 자질을 보여 주는 법을 배웠고, 자신의 약점과 고유한 버릇을 잘 숨길 수 있다. 여기에는 엄청난 사실 하나가 있다. 만약 자신을 비롯한 모든 인간이 가끔 특이하고 비정상적일 때가 있다는 것을 깨닫게 된다면, 이러한 인간의 일시적 일탈을 막기 위한 기본적인 것들이 사회에 필요하다는 것이다. 이것을 좀 더 명확하게 다룬다면 다른 사람들에게도 별문제가 없다는 생각을 심어 줄 수 있다.

모든 인간은 언제나 그랬던 것처럼 자신이 정상임을 느끼고 싶어 한다. 하지만 '정상'이라는 것으로부터의 일탈을 자신에게 허용하면 할수록 다른 사람의 일탈에 대해서 관대할 수도 있고, 타인에게 일탈을 더욱더 권장할 수도 있다. 이제 사람을 남성과 여성으로, 큰 사람과 작은

사람으로, 뚱뚱한 사람과 야윈 사람으로 분류할
필요가 없다. 더욱이 성별과 사회가 부여한
특징이 굳이 서로 일치하지 않아도 된
다. 생각보다 더 많은 것이 우리 이면에 있
다. 인간은 무엇이나 할 수 있고 행동으로 옮기
는 존재인 동시에 앞으로도 그 어떤 것이든 할 수 있
는 존재다.

인간은 생각하는 것 이상의 존재다.

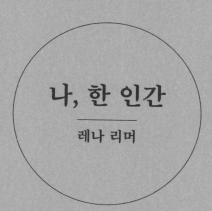

나, 한 인간

레나 리머

난생처음 의식하면서 거울을 쳐다보았지만,

내 육체는 알려 주지 않았다.

거울에서 나는 남자도 여자도 아니었다.

성기는 별 의미가 없다.

오직 나만 확인할 수 있기 때문에.

여러 의문이 떠올랐다.

좀 더 솔직해지자면

과거에 내가 누구였는지 모르겠다.

내가 여자인지 남자인지는

옷을 보아서는

도저히 구별되지 않는다.

그래서인지 남들은 나를 모른다.

새로운 생각을 받아들이기에는

이마에 잔주름이

많이 잡혀 있는 것처럼 보이고,

물론 다시 구석구석 잘 살펴보아야 하겠지만,

그들의 시선은 너무 경직되어 있다.

처음부터 내게는 명확했다.

그들은 결코 나를

이해하지 못하리라는 것을.

"반은 남자, 반은 여자? 사내놈인가 아니면 계집애인가?

우리는 이 아이를 뭐라고 불러야 할까?"
"인간은 자고로
한 가지 성性만 가져야 해!"
"애가, 아니 계집애가 평상시와 다를 바 없이
집을 나선다!"
"어머니는 나를 부끄러워할까?"
"어찌할 바를 모르는 가엾은 10대여,
여전히 부모만 탓하는구나!"

내게 이 마을은 항상 좁았다.
난 이원 체계에 적응하지 못했다.
0과 1로 만들어진 코드 속에서
난 0.5다.
X와 Y 염색체로 둘러싸인 곳에서
난 Z 염색체다.
내 안에서 모든 성별이 하나가 되지만,
난 무성無性이다.

이런 나를 어떻게 설명해야 할까?
나의 어머니여,
매주 다른 코너에서 쇼핑하시면서
이해할 수 없다는 듯이 나를 바라보시는군요.
나의 아버지여,

두 종류의 성기만 알고 계시기 때문에
'여러 성별을 가진 것'을 이해 못 하시는군요.

두 분은 바로 알아채셨지만,
어머니는 충격을 받으셨다.
부분적으로 아들을,
부분적으로 딸을,
부분적으로 '모두'를 가지셨기 때문에.
그리고 아버지의 흥미로운 첫 질문은,
여성의 질을 갖고
남자 화장실을 어떻게 이용하는지.
꽤 괜찮은 질문이라고
생각했다.

사실 내가 얼마나
이해를 받고 있는지 상관없다.
언제나 문제가 있었다.
이 세상에 나 혼자라고 느꼈고,
나만의 정체성을 가진 유일한 존재였다.
내가 본 인터넷에서는
나 혼자만이 아니었다.
항상 아껴 주고 내 버팀목이 되어 주던
커뮤니티가 필요한 안정감을 주었다.

내가 온전히 존재하기 위해서.

오늘 거울을 보았지만,
내 앞에는 여성도 남성도 없었다.
성기가 나의 성 정체성을
결정하지 못한다.
거울에 비친 나를 보면
단지 나만, 한 인간만
보인다.

8) 두덴Duden 사전은 독일에서 가장 권위 있는 사전 가운데 하나로, 1880년 콘라트 두덴Konrad Duden에 의해 출간된 『독일어 정서법에 완벽한 사전』이 시초였다. 현재 28판 (2020)까지 개정된 두덴 사전은 1955~1996년 독일어 맞춤법 개혁 때까지 독일어 맞춤법의 기준이었다. 디지털화 과정을 거치면서 오늘날까지 그 권위를 이어 오고 있으나, 독일어협회가 매년 독일어를 가장 오염시키는 주범에게 수여하는 '언어 오염상'에 선정되는 불명예를 안기도 했다. 독일어협회는 선정 이유를 지나친 영어 사용이라고 밝혔다.

9) 성 주류화는 정치·경제·사회 등 공공 정책의 모든 분야에서 여성과 남성이 동등한 혜택을 누리고 어느 한쪽이 불이익을 받지 않도록 하는 전략이다. 이 개념은 1985년 3차 세계여성대회에서 처음으로 제창되었고, 4차 세계여성대회 때 주요 의제로 다루어졌다.

10) 독일어에서 여성 명사를 만들기 위해서는 대체로 어간+사람(남성)을 나타내는 어미 –er+여성을 가리키는 어미 –in+여성 복수형 어미 –nen이 붙는다. 즉 여성 명사를 나타내기 위해서는 남성 명사에 여성 어미들을 붙여야 한다. 본문의 단어를 예로 들어 보자. Bäck+-er+-in+-nen, Anwohn+-er+-in+-nen.

11) 대학생을 가리키는 단어 Student(남성)+여성을 나타내는 어미 –In, _in, *in+복수형 어미 -nen.

12) 시몬 드 보부아르Simone de Beauvoir(1908~1986)는 1929년 21세에 철학 교수 자격시험을 통과하여 여러 학교에서 강의하다 학생들에게 나쁜 영향을 끼친다는 진정서 때문에 해고당한다. 이를 계기로 작가의 길로 들어서 1949년 『제2의 성』을, 1954년 『레 망다랭』, 그리고 1958~1972년에 걸쳐 자전적 저서 4부작을 완성했다. 적극적인 현실 참여를 추구하는 실존철학의 영향으로 사회 불의와 부정에 저항했다. 1970년대부터는 낙태·피임 자유화, 여성 노동자 권익 보호, 가정 폭력 근절을 위해 여성 해방 운동에 적극적으로 참여했다.

'내 안의 이야기' 쓰고 그린이

니나 마이셴Nina Meischen은 부트야딩겐 반도의 제방 인근에서 성장했고 함부르크에서 살면서 프리랜서 일러스트레이터, 그래픽 디자이너로 일하고 있다.

김 살몬Kim Salmon은 1999년생으로 시와 단편 소설, 시나리오를 쓰고 등반을 하고 팬케이크를 먹고 종종 나치 스티커를 찢으면서 시간을 보낸다.

카를로타 프라이어Karlotta Freier는 함부르크에서 일러스트레이터로 일하고 있다. 『브리기테Brigitte』, 『차이트 온라인Zeit Online』과 협업하면서 그래픽 노블에 도전하고 있다. 2018년에는 'ADC Young Ones Award'를 수상했다.

메를린 크르체미엔Merlin Krzemien은 1999년에 태어나 프랑스 국경 지대에서 성장했고 런던에서 정치와 철학을 공부하고 있다. 연기 활동, 하프 마라톤 대회 참가, 열정적인 예술 작품 감상을 이어 가고 있으며, 최근에는 창작 활동에 몰두하고 있다.

레나 그뢰네Lena Gröne는 함부르크 응용과학대학교HAW Hamburg에서 커뮤니케이션 디자인을 공부하고 있다. 인간의 기원과 무상에 대한 주제에 몰두하고 있다.

루마 폰 페어팔Luma von Perfall은 독일-브라질계 여성 사진작가다. 성과 친밀감, 고향을 주제로 작업하고 있다.

율리안 리츠코Julian Litschko은 1991년생으로, 킬 무테지우스 예술대학교Muthesius Kunsthochschule Kiel에서 커뮤니케이션 디자인을 공부하고 있다. 그래픽과 일러스트레이션 분야에서 활동하고 있다.

필립 노이데르트Philipp Neudert는 1997년생으로, 젊은 작가 만남Treffen Junger Autoren의 수상자, 볼펜뷔텔 문학연구소Literaturlabor Wolfenbüttel와 바이에른 창작 아카데미Bayrische Akademie des Schreibens의 장학생이다. 바이로이트에서 철학과 경제학을 공부하고 있다.

레나 리머Lena Riemer는 2002년에 태어났고 뒤셀도르프에서 자작시 낭독 퍼포머로 활동한다. 그녀의 시는 개인적인 주제뿐만 아니라 사회와 매우 밀접한 주제도 다룬다.

MANN FRAU MENSCH. Was macht mich aus? by Jörg Bernardy
Layout and Typesetting: Lisa Klose
© 2018 Beltz & Gelberg, in the publishing group Beltz- Weinheim Basel
Korean Translation © 2022 by Green Spinach Publishing
All rights reserved.
The Korean language edition published by arrangement with Julius Beltz GmbH&Co.
KG through MOMO Agency, Seoul.

나를 나로 만드는 건 무엇일까

초판 1쇄 발행	2022년 8월 22일
지은이	외르크 베르나르디
옮긴이	전진만
펴낸이	송영민
만든이	엄정원
꾸민이	DesignZoo 장광석
펴낸곳	시금치출판사
주소	서울시 마포구 잔다리로7길 18, 502호
전화	02-725-9401
전송	0303-0959-9403
전자우편	7259401@naver.com
출판신고	제2019-000104호
ISBN	978-89-92371-84-1 03190

*책값은 뒤표지에 있습니다.